글쓴이 · 네이트 볼

네이트 볼(Nate Ball)은 MIT(매사추세츠 공과대학교)에서 기계공학 석사학위를 받은 발명가이자 TV 진행자입니다. 에미상과 피바디상을 받은 PBS방송 〈디자인 스쿼드〉와 〈디자인 스쿼드 네이션〉 진행자로 공학에 관심 있는 청소년들에게 도전의 꿈을 심어 주고 있습니다. 2007년에는 세계적인 발명가에게 수여하는 '레멀슨-MIT 상(Lemelson-MIT Student Prize)'을 최연소로 수상했습니다. 베스트셀러 작가로 TED에서 강연을 하기도 합니다.

옮긴이 · 박서경

아이오와 대학교(University of Iowa)에서 과학을 공부하고, 고려대학교 대학원에서는 영어교육을 전공했습니다. 현재 유·초등 어린이들을 위해 다양한 영어 콘텐츠개발 및 교육을 하고 있습니다. 옮긴 책으로 〈땅과 바다, 생명 이야기〉가 있습니다.

상수리 출판사

상수리나무는 가뭄이 들수록 더 깊게 뿌리를 내리고
당당하게 서서 더 많은 열매를 맺습니다.
숲의 지배자인 상수리나무는 참나무과에 속하고, 꿀밤나무라 불리기도 합니다.
성경에 아브라함이 세 명의 천사를 만나는 곳도 상수리나무 앞이지요.
이런 상수리나무의 강인한 생명력과 특별한 능력을 귀히 여겨
출판사 이름을 '상수리'라고 했습니다.
우리 어린이들에게 상수리나무의 기상과 생명력을 키우는
좋은 책을 계속 만들어 가겠습니다.

외계인 앰프의 지구탈출 대작전 1

외계인 앰프의 지구탈출 대작전 1

글 | 네이트 볼
그림 | 매키 패민투안
옮김 | 박서경

차례

- 01 유성 침공 · · · · · · · · · 7
- 02 넌 내 포로다! · · · · · · · · 14
- 03 거기, 너! · · · · · · · · · 21
- 04 엘드위원회 · · · · · · · · · 31
- 05 파란 외계인 앰프 · · · · · · 41
- 06 잭의 비밀 · · · · · · · · · 48
- 07 스쿨버스 소동 · · · · · · · 55
- 08 프룩처럼 굴지 마! · · · · · · 63
- 09 사라진 앰프 · · · · · · · · 73
- 10 룬츠 교장 선생님 · · · · · · 81
- 11 네가 망쳤어! · · · · · · · · 88
- 12 못 말리는 올리비아 · · · · · 94

13	비밀 공개 · · · · · · · · · · 103
14	우주선 고치는 방법 · · · · · · 115
15	실험실 대폭발 · · · · · · · · 122
16	아슬아슬한 순간 · · · · · · · 128
17	꼬마 과학자 · · · · · · · · · 134
18	이제 15분 남았어 · · · · · · · 144
19	우주선 발사 · · · · · · · · · 150
20	최후의 승자 · · · · · · · · · 157

병 로켓 만들기 · · · · · · · · · · · 164

01
유성 침공

뭔가를 하다가 갑자기 잠에 빠지는 병, 내가 그런 병에 걸렸을지도 모른다는 생각이 가끔 든다.

이건 진짜 있는 병이다. TV에서도 한 번 봤다. 그 병을 앓는 사람이 감자 크림수프를 먹다가 갑자기 철퍼덕 하고 수프에 얼굴을 처박았다. 그 사람은 그대로 잠들어 버렸다.

나도 언젠가 맞춤법에 관해 골똘히 생각하다가 잠에 빠진 적이 있다. 내 앞에 감자 크림수프가 없어서 다행이었다. 아무튼 책상에 얼굴을 파묻고 쿨쿨 자다가 깼을 때 문득 그런 생각이 스쳤다.

'난 잠병에 걸린 게 틀림없어.'

새 학년 들어서도 난 과학 시간에 잠든 적이 있다. 첫 쪽지 시험을 앞두고 수업 중에 잠을 자다니, 정말 어이없다. 하지만 과학 시간에 '정전기' 같은 주제가 나오면 졸음이 쏟아지는 걸

어쩌란 말인가. 나는 과학 시간이 싫다. 진짜 털끝만큼도 관심이 없다.

또 책상에서 잠이 들었나 보다. 엎드려 자던 책상이 흔들리는 바람에 잠에서 깨어났다. 너무 오래 잤나 보다. 목이 뻣뻣하고 팔도 저렸다. 입안이 텁텁한 게 마치 죽은 새 한 마리를 물고 있는 기분이었다.

집 안은 조용했다. 맞은 편 동생 방에서도 아무런 인기척이 없는 걸 보니 아주 푹 잠들었나 보다. 부모님은 또 '굿 나잇' 인사를 잊으신 것 같다. 두 분 다 요즘 정신이 없으시다. '연구 보조금'을 받고 시작한 프로젝트의 마감 날짜가 다가오고 있기 때문이다.

나는 책상 전등을 끄며 중얼거렸다.

"오늘 공부는 이걸로 충분해."

책상에서 일어나 비척비척 창가로 걸어갔다. 내 방은 2층이어서 뒷마당이 잘 보였다. 마당은 캄캄하고 조용했다.

나는 창문을 열고 심호흡을 하며 창 밖으로 머리를 쑥 내밀었다. 그 순간 머리에서 '쿵' 소리가 났다. 방충망이 닫혀 있는 줄도 모르고 머리로 들이받은 것이다. 너무 세게 부딪혔는지 머리가 멍했다. 저 아래 어두컴컴한 뒷마당으로 방충망이 떨어지는 소리가 들렸다.

우당탕쿵탕

나도 하마터면 방충망과 같이 떨어질 뻔했다.
"헉!"
생각만 해도 아찔했다. 자칫하면 4학년 내내 온 몸에 깁스를 하고 지낼 뻔했다.

방충망은 뒷마당 어딘가에 떨어진 것 같았지만 어두워 잘 보이지 않았다. 다행이었다. 방충망처럼 뒷마당에 처박히지 않고 멀쩡하게 창가에 서 있으니, 얼마나 다행인가.

나는 올리비아의 방에 불이 켜져 있는지 보았다. 캄캄했다. 올리비아는 우리 집과 울타리를 사이에 둔 이웃이다. 올리비아의 가족과 굉장히 오랫동안 이웃으로 살고 있다. 올리비아의 집과 우리 집은 너무 가까워서 바람만 적당히 불어 준다면 올리비아가 자기 방에서 마시멜로를 새총으로 쏴서 내 얼굴에 맞힐 수 있을 정도다.

침대로 가서 자야겠다는 생각에 창문을 막 닫으려는데, 하늘에 유성이 떨어지는 게 보였다. 안 그래도 약간의 행운이 필요했는데 이렇게 찾아오다니! 나는 재빨리 눈을 감고 소원을 빌었다. 즉각 세 가지 소원이 튀어나왔다.

"소원하던 야구팀에 들어가게 해 주시고, 성적을 더 잘 받게 해 주시고, 방과 후 나머지 공부는 절대 하지 않게 해 주세요."

이런 기회는 최대한 활용해야 하는 법!

소원을 다 빌고 눈을 떴다. 그런데 유성은 아직도 떨어지고 있었다. 이상하다는 생각이 들었다. 보통 유성은 0.5초 정도만 보이고 사라진다. 그런데 이 유성은 이상했다. 왼쪽에서 오른쪽으로 밤하늘을 가로지르며 달을 향해 서서히 다가가고 있었다. 유성은 속도가 점점 느려지고 크기는 점점 더 커지는 것 같았다.

나는 유성을 놓치지 않고 더 자세히 보려고 창가에 바짝 붙어 섰다. 유성은 더 천천히 떨어졌다. 그리고 크기는 점점 더 커졌다.

문득 올리비아의 속임수일지도 모른다는 생각이 스쳤다. 나는 올리비아의 방 창문을 흘깃 보았다. 올리비아의 집은 온통 캄캄하고 인기척이 전혀 없었다.

나는 다시 하늘을 쳐다보았다. 그런데 유성이 갑자기 방향을 바꾸더니 내 방 쪽으로 날아왔다.

유성은 주황과 노란빛이 나는 불꽃으로 길게 꼬리를 그리며 날아왔다. 이건 유성이 아니다! 그럼 뭐지? 불덩어리?

불덩어리가 가까이 다가올수록 끼익 끽 하는 섬뜩한 금속음이 들렸다.

불덩어리는 우리 집을 향해 빠른 속도로 날아왔다. 정확히는 내 침실을 향해 오고 있었다! 나는 급히 창문을 닫으려 했지만, 손을 채 뻗기도 전에 그 불덩어리는 순식간에 우리 집 뒤뜰까지 와버렸다. 불똥이 튀고 불꽃이 날았다. 쉭쉭대는 커다란 소리가 온 동네로 퍼져 갔다.

그 불덩어리는 내 방 창문으로 돌진해 왔다. 나는 급히 고개를 숙여 가까스로 피했다. 불덩어리는 지그재그로 꼬리를 그리며 날아들더니 나를 지나 방 안쪽 벽에 쾅 하고 세차게 처박혔다. 쉭쉭거리던 소리 대신 빠드득빠드득 소리가 나더니 이

내 조용해졌다. 삐빅 삐빅 하는 소리만 들려 왔다.

　내 방은 연기로 가득 찼다. 침대 옆 전등은 넘어져 바닥에 뒹굴었다. 벽에는 커다랗게 탄 자국이 생겼고 농구공 크기로 움푹 패였다.
　그때 반짝반짝하는 축구공 모양의 금속 물체가 날아 오르더니 침대 위에 앉았다. 양옆으로 작은 날개가 비죽 나왔고, 양쪽에 있는 자그마한 구멍에서 뜨거운 증기가 뿜어져 나왔다. 불안한 느낌을 주는 소리가 거기서 나왔다.

　그르릉! 그르릉! 그르릉! 그르릉! 그르릉!

　나는 눈을 크게 뜨고, 그 물건을 노려보았다. 그 물건은 금방이라도 폭발할 것 같았다. 난 옴짝달싹도 할 수 없었다.

02
넌 내 포로다!

 몇 초가 흘렀을까, 나는 그제야 침대 위에 앉은 은빛 물체-마치 증기를 뿜어내는 축구공 같았다-가 터지지 않을 거라는 생각이 들었다.

 저게 뭐지? 위성? 비행기 파편? 국제우주정거장에서 떨어져 나온 조각?

 나는 부모님이든 동생이든 우리 집 개든 고양이든 누구든 부르려고 침실 밖으로 뛰쳐나가려다 멈칫했다.

 '내가 나간 동안 저게 사라지면 어떡하지?'

 나는 뒤돌아서서 방문을 닫았다. 그런 다음 그 물건을 좀 더 가까이 보기 위해 침대 위로 기어 올라갔다.

 빛이 나는 축구공이 눈에 들어왔다. 마치 살아 있는 생명체 같았다. 손을 뻗어 만질 수도 있었지만 그런 위험은 무릅쓰고 싶지 않았다. 뜨거울 것 같았다. 그 물체는 여전히 이상한 소리를 냈다.

 그때 딸깍 하는 소리가 나더니, 아주 조그만 문이 휘익 열렸다. 작은 접이식 계단이 천천히 내려왔다. 계단마다 조명이 띠처럼 둘러져 있어 마치 어둔 영화관 계단에 켜진 불빛 같았다.

> 열린 문으로 내 주먹만한 크기의 파란색 물체가 걸어 나왔다.

 그것은 밖으로 나와 계단 위에 버티고 섰다! 자기 주먹에 대고 기침을 하고, 다른 한손으로는 연기를 흩으려는 듯 이리저리 휙휙 저었다.

 나는 웃어야할지 비명을 질러야할지! 흥분되었지만 무섭기도 해서 꼼짝도 할 수 없었다. 숨도 쉬어지지 않았다. 얼마나 시간이 지났을까, 잠시 후 정신을 차리고 나서야 나는 숨을 몰

아쉬며 기침을 했다. 그 파란 물체가 날 지켜보고 있었다.

작은 녀석은 몸을 웅크리더니 허리에 찬 벨트에서 조그만 리모콘 같은 것을 빼들었다.

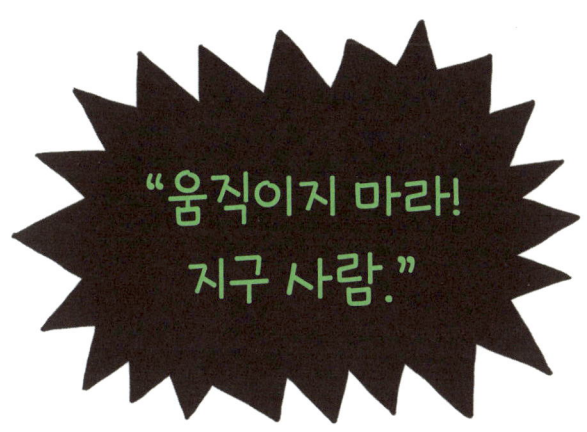

"움직이지 마라!
지구 사람."

그 목소리는 끼익거리는 높은 음조의 새된 목소리였다. 녀석은 리모콘을 내게 겨누었다.

"나는 앰프다. 엘드 행성에서 온 정찰대원이다. 우주행성법에 따라 너는 지금 나의 포로가 되었다!"

녀석은 한껏 거칠고 위험한 목소리로 말했지만, 나는 피식 웃고 말았다. 그냥 웃겼다. 녀석은 카리스마 있게 경고하고 싶었겠지만, 내게는 그저 화가 머리끝까지 난 다람쥐 같아 보였다.

나의 반응이 마음에 안들었는지 녀석은 리모콘을 내 코에

겨누고 발사했다. 코끝이 쏘인 것 같았다. 전기에 감전된 듯 따끔했다. 불쾌했지만 그리 아프지는 않았다. 녀석은 당황한 듯 보였다. 으르렁거리며 정전기 총을 흘낏 보고는, 다시 내게 겨누고 쏘았다.

"아프잖아,"

나는 손가락 두 개로 그의 총을 옆으로 밀어 치웠다.

"이럴 리가!"

녀석은 끼익거리는 그 우스운 목소리로 말했다.

"넌 왜 그렇게 큰가?"

"어~, 나도 몰라."

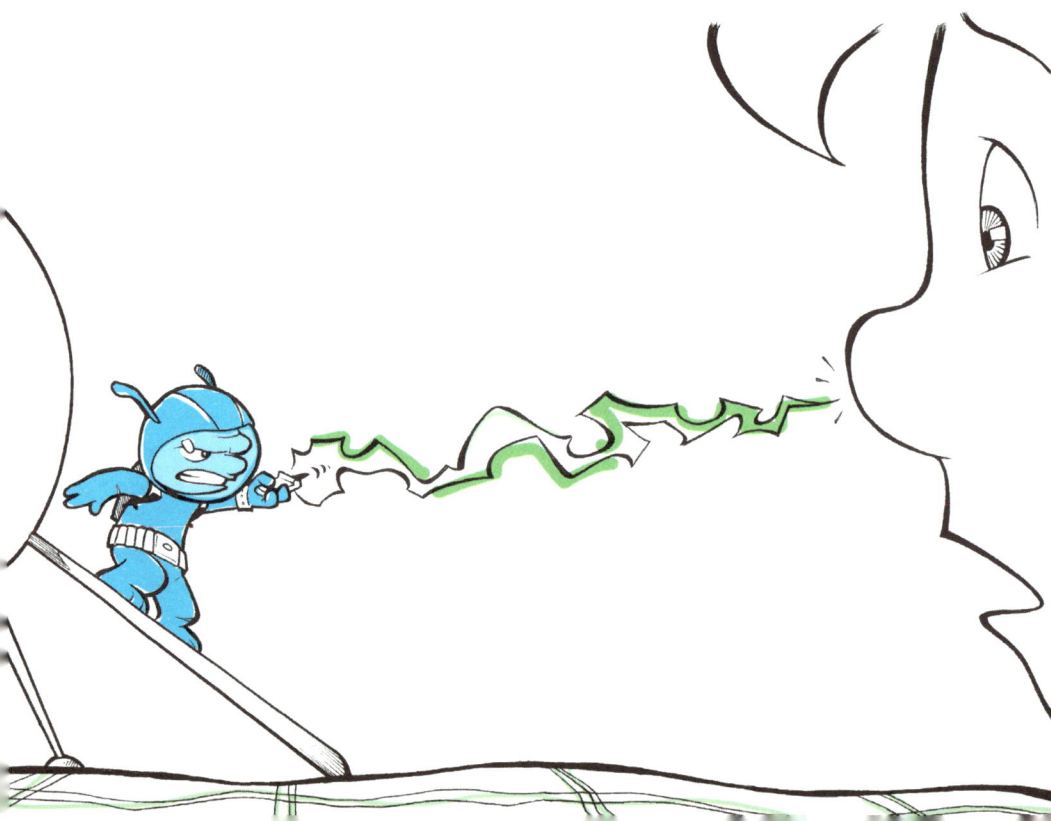

나는 따끔거리는 코를 문지르며 말했다.

"넌 왜 그렇게 작은 거니?"

내 질문이 녀석을 더욱 당황하게 만든 것 같았다. 녀석은 머리에 쓴 헬멧을 벗더니 내게 집어던졌다. 헬멧은 날아와 내 가슴에 부딪친 후 카펫에 소리 없이 떨어졌다. 달걀 반쪽보다 더 작은 헬멧이었다.

나는 녀석의 손을 보았다. 엄지손가락과 손가락 두 개가 더 있었다. 손가락은 통통하고 뭉툭했다.

난 녀석을 잡아 들어 올렸다. 녀석은 놀랐는지 발로 차고 팔을 내저으며 맹렬히 저항했다. 녀석의 몸은 부드럽고 따뜻했다. 마치 햄스터를 면도시켜 파란 색깔로 칠한 것 같았다.

"넌 뭐니? 어디서 왔어, 꼬마야?"

"나는 꼬마가 아니다. 지구 출신도 아니다."

녀석은 우스꽝스러운 새된 목소리로 덧붙였다.

"나는 아주 위험한 행성인이다."

녀석은 내가 미처 방어할 틈도 없이 내 손가락을 깨물었다.

"아얏!"

나는 황급히 손을 털어 녀석을 침대에 떨어뜨렸다. 녀석은 통통 튀어 달아났다.

"도망가면 안 돼!"

나는 몸을 날려 녀석을 덮쳤다. 하지만 녀석은 이미 침대 반대편으로 뛰어내렸다.

이대로 도망가게 할 수는 없어! 나는 녀석을 잡기 위해 급히 침대를 돌아 갔다. 녀석은 재빨리 의자에 기어 오르더니 책상 위로 뛰어올라 갔다. 열린 창문으로 도망가려는 것이다. 난 젖먹던 힘을 다해 몸을 날렸다. 하지만 녀석은 나보다 더 빨랐다. 창문틀 위로 올라선 다음 녀석은 밖으로 훌쩍 뛰어내렸다. 그러고는 저 아래 어둠 속으로 사라져 버렸다.

거기, 너!

　내가 무슨 짓을 한 거지? 아무래도 엄청나게 큰 실수를 한 것 같다.

　나는 창문 아래 어두운 뒤뜰을 내려다보며 그 작은 방문객의 움직임을 찾아보려 애썼다. 그 녀석의 이름이라도 외쳐 부르고 싶었다. 하지만 뭐라고 했는지 기억조차 나지 않았다!

　나는 창가에서 간절한 마음으로 나지막하게 녀석을 불러 보았다.

　"저기? 내 말 들리니? 트램프?"

　"아니 스탬프였나?"

　"램프? 크램프?"

　"대체 너 이름이 뭐였지?"

　아무 대답도 없었다. 당황스러웠다. 그 녀석을 영영 놓칠지도 모른다는 생각에 불안해졌다. 난 다시 소리 질러 불렀다.

"너, 파란 꼬마! 어디로 간 거니?"

내 방에 들어온 외계인을 탈출하도록 내버려 두다니! 모든 지구인들이 나를 땅속에 파묻어버리고 싶어할 거다. 심지어 그 외계인이 사는 행성 이름조차 기억하지 못하다니!

퍼기라 했던가? 머키라 했던가? 주의를 기울여 들었어야 했는데, 왜 집중하지 않은 거지?

나는 뒷마당으로 내려가서 그 녀석을 찾아보기로 했다. 문 앞으로 가서 심호흡을 한 다음 천천히 그리고 조용히 문을 열었다. 가족을 깨우고 싶지는 않았다. 조심조심 문을 열고 빠져나가 어두컴컴한 복도로 발을 내디뎠다. 동생이 갖고 놀다 버려둔 로봇이 문 앞에 있을 줄은 꿈에도 몰랐다.

로봇은 내 발에 차여 뒤집어 놓은 거북이처럼 카펫 위에 나동그라졌다. 그 순간 로봇의 모터가 작동하면서 발에 달린 바퀴가 미친 듯이 돌아갔다. 로봇이 버둥거렸다. 로봇 머리에 붙은 헤드라이트가 같이 돌며 복도 여기저기를 마구 비추었다. 난 너무 놀라서 얼어붙어 버렸다. 그런데 놀랍게도 아무도 깨지 않았다.

난 로봇을 집어 들어 모터를 껐다. 그리고 헤드라이트로 계단을 비추며 아래층으로 살금살금 내려갔다. 뒷문으로 나가려고 부모님의 서재 쪽을 힐끗 보았다. 서재에는 아직도 불이 켜

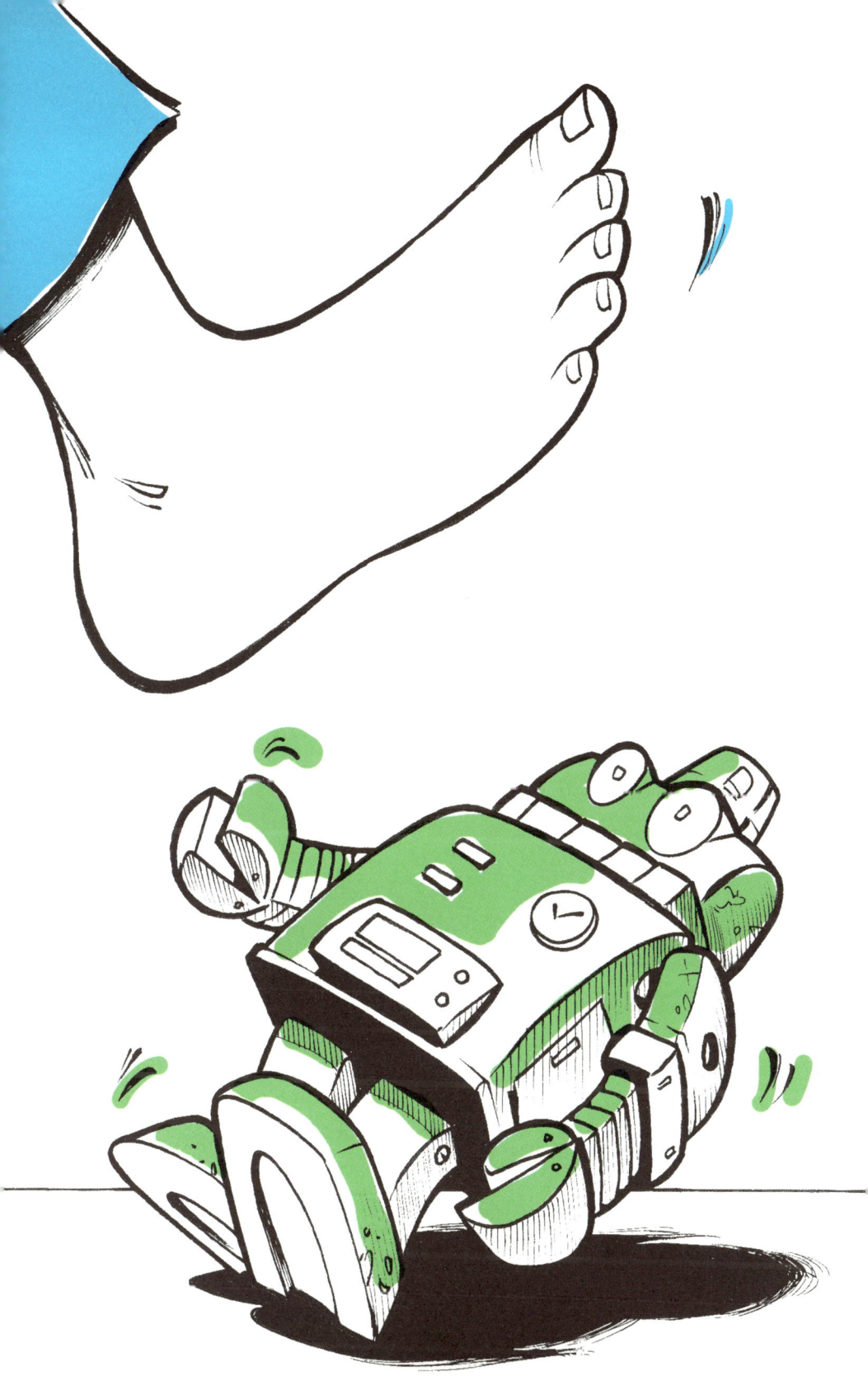

져 있었다. 부모님이 나를 보지 않았기를 바라며 조심조심 걸었다. 그러나 내 무릎이 현관 입구에 놓인 탁자와 부딪쳤고, 탁자 위에 놓아둔 열쇠와 동전 그릇이 와르르 넘어졌다. 좀도둑은 내 적성이 아닌 것 같았다.

로봇에서 나오던 불빛은 꺼져 버렸다. 나는 현관문으로 나와 조용히 문을 닫았다. 그리고 쪽문을 지나 뒤뜰을 향해 전속력으로 달렸다. 깜깜한 곳에서 달음박질하는 것이 얼마나 위험한지 깜박 잊고 있었다. 나는 뒤뜰에 있는 바비큐 통에 걸려 넘어지면서 대형 양파 자루처럼 땅바닥에 철퍼덕 널브러졌다. 우주선 몸체처럼 생긴 바비큐 통이 쓰러지면서 타다 남은 숯덩이와 재를 내 얼굴과 몸에 끼얹었다. 그리고 데굴데굴 굴러가 마당에 세워둔 새 물통을 들이받았다. 뒤뜰에 날아드는 새들을 위해 마련해 둔 새 물통은 평소에도 흔들흔들 위태로워 보였다.

온갖 새들이 마시던 더러운 물이 가득 담긴 그 물통은 잠시 중심을 잃고 기우뚱거리더니, 이내 쿵 하고 넘어졌다. 쓰러지면서 그 충격으로 새 물통은 반으로 갈라졌다. 1초 후, 새 깃털이 둥둥 뜬 얼음같이 차가운 물이 파도처럼 밀려와 나를 덮쳤다.

물은 숯 찌꺼기와 재와 섞여 질척하고 끈적끈적했다. 난 누운 채 그 더러운 물을 다 뒤집어썼다. 나는 몸을 일으키려고 애썼지만 쉽지 않았다. 어찌어찌 겨우 일어났지만 스케이트를 처음 타는 사람처럼 다시 미끄러졌다. 길게 슬라이딩을 한 후 난 뒤뜰 테라스에 고꾸라졌다.

나의 불운에 비참함까지 더하려는 듯, 올리비아의 침실에 불이 번쩍 들어왔다.

나는 화가 나서 혼잣말로 으르렁거렸다.

"지금 나랑 장난하자는 거야?"

올리비아 방의 커튼이 열렸다. 나는 부랴부랴 개집 뒤로 몸을 숨겼다. 고맙게도 우리 집 개 스모키는 오늘 차고에서 자고 있었다. 꽤나 시끄럽게 짖는 녀석인데 이 상황을 들키지 않아 천만 다행이었다.

지금은 올리비아에게 왜 내가 재로 범벅이 된 더러운 물을 뒤집어쓰고 온 동네 사람들 절반을 깨울 정도로 시끄럽게 구는지 설명할 시간이 없었다.

축구공인지, 당나귀인지, 이름이 뭔지 모르겠지만, 일단 그 꼬마가 사라지기 전에 빨리 찾아야 했다!

귓속까지 날아든 재와 숯가루를 털어내는데 무슨 소리가 들렸다.

잠깐, 난 숨을 멈추었다. 가만히 서서 그 소리를 다시 들으려고 귀를 쫑긋했다. 한껏 귀기울이며 소리를 찾고 있는데, 올리비아 침실의 창문이 열렸다.

"잭, 너니?"

나는 모르는 척 대답하지 않았다. 올리비아에게 대꾸하는 것보다 더 중요한 일이 있었다.

나는 아까 들었던 작은 소리가 어디서 나는지 알아내려고 귓바퀴를 손으로 잡아 모았다.

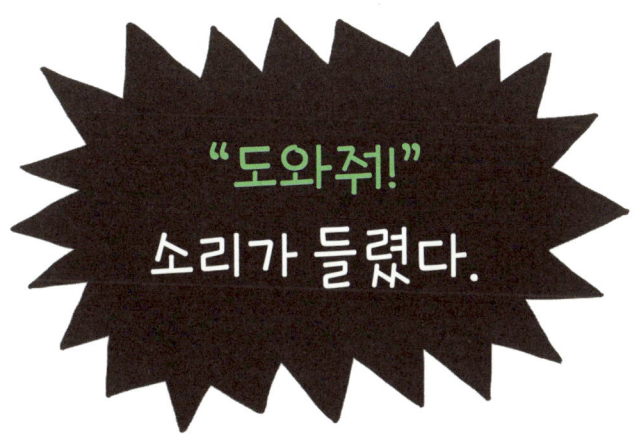

처음엔 내가 잘못 들었나 의심했다. 소리 톤이 너무 높아서였다. 그런데 또 소리가 들렸다.

"도와줘!"

나는 무릎으로 엉금엉금 기어 개집 뒤로 갔다. 거기서 우리집 똥보 고양이 징키와 딱 마주쳤다. 징키는 그 파란 꼬마를 개집 벽에 밀어붙여 놓고 발로 지그시 누르고 있었다. 징키는 지금 파란 생쥐와 놀고 있다고 생각할 것이다.

"가서 진짜 생쥐를 찾아, 미스터 징키."

난 고양이를 옆으로 밀어 파란 녀석에게서 떼어 냈다. 그런 다음 파란 녀석을 집어 손 위에 올렸다.

"고양이가 이렇게 한 건 내가 사과할게."

나는 나지막한 소리로 사과하며 물었다.

"그런데 괜찮아?"

녀석은 내 손 안에서 끼익거리는 특이한 목소리로 되물었다.

"저게 무엇인가?"

"고양이야. 고양이는 동물이야. 사람들이 고양이를 기르는 것은… 음… 고양이를 갖고 싶어서지. 왜냐하면… 음… 사실 난 고양이를 좋아하지 않아. 사람들이 왜 고양이를 기르는지 잘 모르겠어."

파란 녀석은 나를 지긋이 바라보더니 말했다.

"좋다, 그럼 이 일은 깨끗이 잊어주마."

나는 조금 안심이 되었다. 어쨌든 녀석은 지금 내 손 안에 있고, 고양이 때문에 도망갈 수도 없다. 나와 함께 가는 것이 더 안전하다는 것을 녀석도 잘 알 것이다.

나는 뒤꿈치를 들고 살금살금 뒷문으로 갔다. 신고 있던 양말이 물에 젖어 질척였다.

올리비아가 열린 창문으로 내다보며 소리질렀다.

"너 거기 있는 거 다 알아!"

올리비아가 있다는 것을 잠시 까먹고 있었다. 올리비아는 끈질기게 계속 나를 불러댔다.

"너 지금 뭐하는 거야, 잭 맥기? 잭!"

지금 올리비아에게 뭐라도 대답하는 게 잘하는 일이다. 그렇지 않으면 내일 난 엄청난 잔소리에 시달릴 것이다. 하지만 나는 너무 지쳐 아무 말도 하고 싶지 않았다. 난 못 들은 체하며 문을 닫고 얼른 안으로 들어갔다.

나도 알고 있다. 내일 아침이면 스쿨버스 정류장에서 올리비아가 날 기다리다가 얼마나 많은 질문을 퍼부어 댈 것인지를!

04
엘드위원회

나는 인류 역사에서 가장 놀라운 과학적 발견이 될지도 모를 외계인을 손에 쥐고 있다. 비록 차디찬 새 물통의 물과 숯의 재를 온통 뒤집어써서 흠뻑 젖었지만.

발끝으로 살금살금 걸어 부모님의 연구실을 지나 세탁실로 들어갔다. 나는 물에 젖은 양말과 재로 뒤범벅이 된 바지를 벗었다. 파란 작은 생물체를 손에 들고 옷을 벗는 일은 쉽지 않았다. 세탁물 바구니에 옷을 던져 넣고 깨끗한 수건으로 덮어 가렸다. 파란 꼬마는 굉장히 놀란 표정으로 나를 보았다.
"옷 벗는 거 처음 봐?"
그러고보니 파란 꼬마는 윗도리도 바지도 그 어떤 것도 입고 있지 않았다. 기술자들이 두르는 벨트 같은 것만 허리에 차고 있었다. 그 벨트는 자그마한 칸들로 나뉘어 있었다. 등에는 백

팩 비슷한 것도 메고 있었다.

"그냥 궁금해서 그러는데 너는 남자니 여자니?"

파란 꼬마는 잠시 생각하더니 대답했다.

"무슨 말인지 모르겠다."

"직업이 뭐든 간에 넌 남자인 거야, 아님 여자인 거야?"

"난 네가 무슨 말을 하는지 모르겠다, 지구 사람."

"잭이야."

부드러운 목소리로 내가 말했다.

"나는 아직도 네가 하는 말의 뜻을 모르겠다, 잭."

"이름이 뭐였더라? 잊어버렸어."

녀석은 나를 10초 정도 빤히 쳐다보더니 대답했다.

"앰프."

"음… 앰프, 너 옷은 어디 있니?"

"옷? 우리 엘드인들은 발달된 문명을 갖고 있어서 옷 없이도 체온을 조절할 수 있다. 질문 고맙다."

이번에는 앰프가 질문을 했다.

"이제 내 질문에 답해라. 넌 옷을 입는데 왜 미스터 징키는 안 입지?"

"뭐? 왜 고양이가 옷을 안 입느냐고?"

나도 모르게 목소리가 높아졌다.

"무슨 말도 안 되는 소리야."

"흥미롭군."

앰프는 손목에 찬 팔찌에 대고 속삭였다.

"뭐하는 거야?"

"엘드위원회에 보낼 메모다."

"엘드위원회라고?"

"엘드는 우리 행성 이름이다."

앰프는 머리를 절레절레 흔들며 말했다.

"이미 네게 말한 적이 있다. 위원회는 우리 행성의 최고 지도자들의 협의체다. 너는 남의 말을 잘 듣지 않는구나, 잭."

"그건 우리 선생님이 내게 늘 하시는 말인데."

나는 농담하듯 웃었지만 앰프는 웃지 않았다. 다소 화난 모습이었다.

"난 널 해치지 않을 거야, 너도 알지?"

"그건 고맙군."

앰프는 당황한 듯 두 팔을 들어 올렸다. 나는 어깨를 으쓱했다.

"너 좀 변덕쟁이인 건 알지?"

"너 좀 변덕쟁이인 건 알지?"

앰프는 내 말을 그대로 흉내냈다.

"쉿! 조용히 해."

앰프는 끼익대며 화난 목소리로 내 말을 따라했다.

"네가 조용히 해!"

부엌으로 가려고 계단에 발을 내딛는 순간 불빛이 확 쏟아져 들어왔다. 난 그 자리에서 얼어붙어 버렸다.

"잭, 무슨 일이야?"

아빠였다. 아빠가 연구실 문 앞에 서 계셨다. 나는 앰프를 쥔 손을 슬며시 내려 쿠키 감추듯 등 뒤로 돌렸다.

"아무것도 아니에요, 왜요?"

"왜냐고?"

아빠가 황당한 표정으로 되물었다.

"벌써 잘 시간이 2시간이나 지났는데 넌 지금 속옷 바람으로 온 집 안을 휘젓고 다니고 있어. 그런데 왜라니?"

나는 내가 속옷 차림인 이유를 생각해 내려 애썼다.

"내 잠옷을 여기 어딘가에 뒀서요."

내가 생각해낸 변명은 얼토당토 않았다. 아빠도 그걸 잘 알았다.

"쾅, 하는 소리도 크게 들렸고, 좀 전에는 폭발음도 나던데, 무슨 일이니?"

앰프가 불편한지 꼼지락거리는 것이 느껴졌다. 하지만 손을 펴서 아빠한테 보여드릴 수는 없었다. 나는 침을 꼴깍 삼켰다.

"음…, 바지가 진흙투성이가 되었어요. 그래서 엄마를 도와드리려고 세탁실에 두고 오는 중이에요."

"바지는 어쩌다 진흙투성이가 된 거니?"

"네, 그 진흙이 말예요…."

내 이상한 행동을 설명할 그럴싸한 변명거리를 떠올리려 애썼다. 하지만 아무것도 생각나지 않았다.

"자러 가렴, 잭."

아빠는 신음하듯 말씀하셨다.

"내일 학교에 가야 하잖니."

"알겠어요."

나는 계단을 부리나케 뛰어올라 내 방으로 들어갔다.

아빠에게 털어놓아야겠다는 생각도 잠깐 들었지만 아직은 비밀에 부치고 싶었다. 이 놀라운 외계인은 내가 발견한 것이니까 말이다.

우리 부모님은 과학계에서 유명한 분들이었다. 어쩌면 이제 나도 유명해질지도 모른다. 이 외계인과 내가 과학 잡지 표지 인물이 되어, '과학 영재, 파란 외계인을 생포하다!'라는 제목으로 실릴 수도 있다는 생각이 스쳤다.

"숨을 못 쉬겠다!"

앰프가 내 손가락 사이에서 숨을 가쁘게 내쉬며 헐떡였다.

"아, 미안해. 내가 너무 흥분했나 봐."

"그 지구인은 너보다 더 컸다!"

앰프는 작은 눈을 동그랗게 뜨며 말했다.

"내 자료는 오류투성이다."

"그 사람은 우리 아빠야. 나는 꼬마에 불과해. 하지만 이제 크게 자랄 거야."

"이럴 수가!"

앰프는 작은 주먹으로 다른 손바닥을 치며 말했다.

"우리 계산이 전부 틀렸다. 이건 재앙이다!"

"뭐가 재앙이야?"

"우리가 계획했던 것에 비해 너희들은 너무 크다."

앰프는 혼란스러워했다.

"걱정 마 꼬마야, 내가 널 돌봐 줄게."

"넌 내 말을 이해하지 못한다!"

앰프는 소리치며 이마를 양손으로 움켜잡았다. 높은 톤의 목소리도 웃겼는데 화를 내니까 훨씬 더 우스웠다.

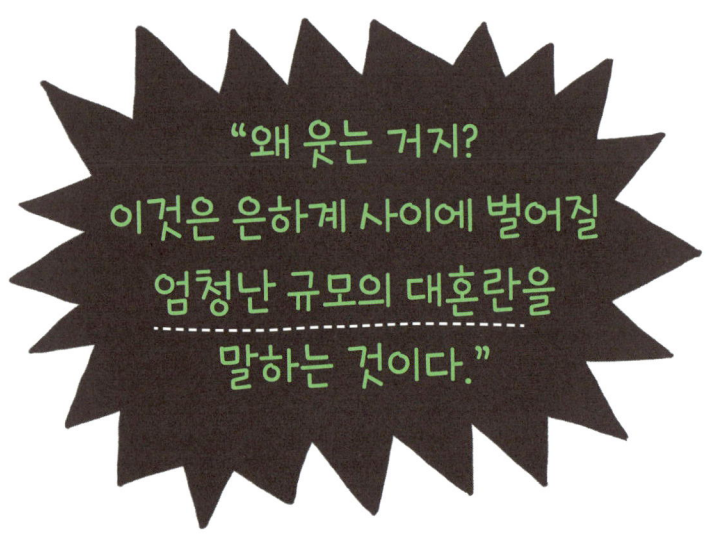

"왜 웃는 거지? 이것은 은하계 사이에 벌어질 엄청난 규모의 대혼란을 말하는 것이다."

"그게 무슨 말인지는 더 더욱 모르겠어."

"나는 지금 엘드로 돌아가 공격을 중지시켜야 한다."

앰프는 죽은 듯이 조용해진 자기 우주선을 보았다.

"아냐, 넌 떠나면 안 돼!"

내가 소리쳤다.

"넌 방금 여기 왔어! 난 널 자랑해야 한단 말이야. 과학박람회에도 데려갈 거고. 넌 과학 잡지 표지 모델도 될 수 있어."

"아니, 넌 내가 떠나주길 바라게 될 것이다. 내 말을 믿어도 좋다. 그리고 나에 대해 아무에게도 말하지 못할 것이다."

"제발, 쑥스러워 하지 마. 우린 TV에도 나갈 수 있단 말이야!"

"만약 너희 지구 지도자들이 나에 대해 알게 된다면, 나는 제 시간에 되돌아갈 수 없다."

앰프는 끼익거리며 말했다.

"진정해, 내가 널 돌봐줄게. 너의 에이전트가 되어서 말이야. 멋지겠지?"

"에이전트가 무엇이지?"

갑자기 관심이 생겼는지 앰프가 물었다.

"그건 말이야."

나는 조리 있게 말하기 위해 천천히 생각하며 설명했다.

"영화나 TV 프로그램 그리고 만화책에 나오게 하는 거야. 참, 너 노래 잘 해?"

"잭! 나는 지금 네가 무슨 말을 하는지 모르겠구나."

"우린 유명해질 거라고."

"유명해질 시간이 없다. 넌 내가 저것을 수리할 수 있도록 도와야 한다."

앰프는 우주선을 가리켰다.

"내가? 나는 평생 무엇 하나 고쳐본 적이 없어! 그리고 내가 왜 널 도와야 해? 네 우주선을 망가뜨린 건 너야! 네가 날아와 내 방 벽에 충돌했잖아."

앰프는 내 말을 듣는 둥 마는 둥 하며 물었다.

"초기 발사 시스템 수리와 관련해서 네가 아는 게 무엇인가?"

나는 입을 비죽거리며 대꾸했다.

"하나도 몰라. 부수는 게 오히려 내 전문 분야지."

"더 이상은 그렇게 되지 않을 것이다."

앰프는 고개를 끄덕이며 말했다.

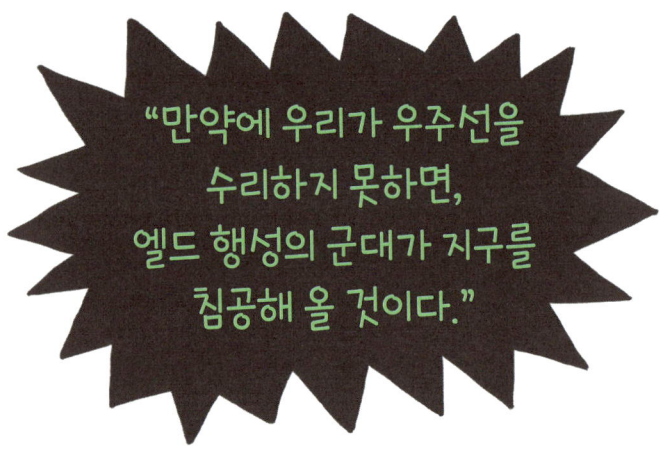

"만약에 우리가 우주선을
수리하지 못하면,
엘드 행성의 군대가 지구를
침공해 올 것이다."

앰프의 말이 진실이라는 것을 알 수 있었다. 도와줘야 한다. 단 한명의 군인이 와도 이런 어마어마한 문제를 일으키는데 만약에 엘드 행성의 전 군대가 쳐들어온다면 아마 난 평생 지하 감옥에 갇혀 살게 될 것이다.

05
파란 외계인 앰프

눈부신 아침 햇살이 나를 흔들어 깨웠다. 차가운 아침 공기가 방안에 감돌았다. 새벽에 창문 닫는 것을 잊은 것 같다. 커튼 닫는 것도. 심지어 이불도 덮고 있지 않았다.

문득 지난 밤 일이 떠올랐다. 외계인 앰프….

꿈이었나? 진짜처럼 생생한데! 아직 몽롱했지만 세세한 장면들이 내 머릿속에서 춤을 추었다. 앰프가 자기 행성에 관해 모두 얘기해 주었다. 자기는 정찰대원이라고 했다. 인간과 지구를 연구하기 위해, 또 지구가 엘드 행성이 침공할만한 적당한 대상인지 아닌지 확인하기 위해 파견되었다고 했다.

앰프는 우주에서 잡힌 전파로 지구의 TV쇼들을 보면서 우리 언어를 배웠다고 했다. 앰프는 고장난 우주선에 대해서도 말해주었다. 우주선은 어마어마한 우주 공간을 순식간에 건너뛰는 능력이 있다고 했다.

그때 뒤뜰에 있는 스프링클러가 물을 뿜는 소리가 들렸다. 평소보다 1시간이나 더 일찍 눈을 뜬 것이다. 좀 더 자려고 눈을 감는데, 쿵쾅대는 소리가 내 잠을 깨웠다. 그 소리는 점점 더 커지고 시끄러워졌다.

"나이스 사각팬티, 잭!"

멀리서 들려오는 소리 같았지만, 분명 올리비아의 목소리였다.

"에잇, 시끄러워!"

나는 잠을 털어버리고 벌떡 일어나 앉았다. 그런데 침대 옆 벽에 난 커다란 자국이 보였다. 검게 탄 흔적이었다. 나는 너무 놀라 거의 거꾸러질 뻔했다. 앰프의 우주선 자국!

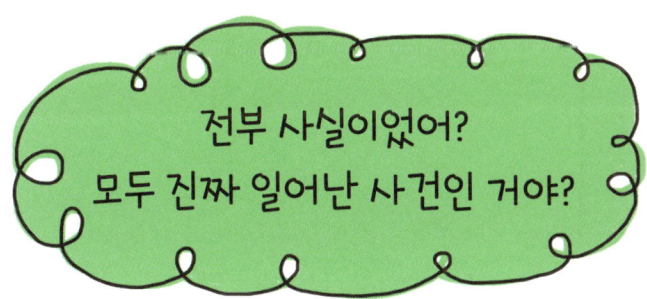

전부 사실이었어?
모두 진짜 일어난 사건인 거야?

나의 뇌를 누가 자물쇠로 꽉 잠가 버린 듯 그 순간 아무 생각도 나지 않았다.

등 뒤에서 올리비아의 호들갑스러운 목소리가 들렸다.

"야구공들, 방망이들, 장갑들."

올리비아는 주저리주저리 떠들어댔다.

"어휴, 민망한 것에 찍힌 저 귀여운 무늬란."

민망한 것? 그건 올리비아가 내 팬티를 보면 지껄이는 말인데? 올리비아는 도대체 어디에서 말하는 거지?

그제야 창문을 통해 내 방을 기웃거리는 골판지 잠망경이 눈에 들어왔다. 머릿속이 어질어질해 왔다. 죽을 맛이었다. 지난 여름에 만든 골판지 잠망경으로 내 방을 들여다보고 있었다니. 게다가 내 사각팬티를! 아, 싫다!

올리비아의 목소리가 다시 들려왔다.

"그거 스머프니?"

그 순간 나는 숨이 턱 막혔다. 알람시계 앞에 앰프가 얼어붙은 듯 서 있었다. 머리도 움직이지 않고, 눈빛으로만 나를 쏘아보았다.

"저 말하는 튜브는 뭔가?"

앰프는 입술을 거의 움직이지 않으며 물었다.

"내가 어떻게 하면 되는가?"

 나는 위기상황에 대처할 말을 재빨리 찾으려 애썼다. 영화에서 본 영리한 스파이처럼 멋지게 위기를 넘기고 싶었다. 하지만 난 그저 앰프와 잠망경을 번갈아 쳐다보기만 했다.
 "방충망이 여기 바닥에 떨어져 있는 거 아니?"
 저 아래 뒤뜰에서 올리비아가 소리쳤다.
 "실수로 밟았더니 방충망이 좀 휘어졌네…. 미안."
 잠망경이 기우뚱 기울어졌다. 올리비아가 방충망을 내려다보느라 잠망경에서 눈을 뗀 게 분명했다. 이때다 싶어 재빨리 침대에서 뛰어 내려 커튼을 닫았다. 난 커튼 사이로 머리를 내밀고 올리비아에게 소리쳤다.

"올리비아, 너 이래도 되는 거야? 완전 사생활 침해야!"
"아, 미안."
내가 화를 내자 올리비아는 조금 놀란 듯했다.
"네 방 창문이 열려 있어서 네가 깬 줄 알았어. 네 민망한 것을 봐서 미안. 아무에게도 말하지 않을 게. 맹세해."
"민망한 게 아니고 사각팬티야!"
"그냥 농담이었어."
기분이 나빠졌다.
"저걸 그냥…."
"그런데 그 파란색 인형은 어디서 났어? 새로 산 거 맞지?"
"파란색 인형?"
"파란색 요정 같은 거 있잖아?"
올리비아의 질문은 계속되었다.
"그게 어젯밤에 네가 갖고 놀던 거니?"
나는 커튼 밖으로 머리만 쑥 내밀고 말했다.
"이건…, 음…. 얘기하자면 좀 길어. 나중에 얘기할 게."
"알았어."
올리비아는 잠망경을 낮추며 말했다.
"잠망경은 좋지 않은 생각이었어."
"알았어. 나중에 얘기하자니깐."
내 방의 난장판부터 정리해야 한다는 생각에 말을 잘랐다.

나는 커튼을 닫고 앰프를 바라봤다.

"우리 같이 할 일이 있어."

"맞아, 잭."

앰프는 뻣뻣한 자세로 고개를 끄덕였다.

"지금 즉시 우주선부터 수리해야 해. 발사 시스템부터 시작하자고."

"우주선을 고친다고? 난 학교부터 가야 해! 그리고 부모님에게 들키기 전에 이 방부터 치워야 한다고."

"아."

앰프는 알겠다는 듯이 내 방을 둘러보며 말했다.

"행운을 빈다."

"행운을 빈다고?"

나는 앰프를 째려보았다

"아, 대단하셔. 착륙도 제대로 할 줄 모르는 외계인 주제에 내 방까지 엉망으로 만들어 놓고 이제 치우지도 않겠다고?"

앰프는 어깨를 으쓱하더니 실실 웃으며 말했다.

"진짜 이런 일은 해본 적이 없어서 그렇다."

그 순간 난 똑똑한 외계인과 가까이 지내는 것이 생각보다 훨씬 더 힘겨운 일일지도 모른다는 생각이 들었다.

06
잭의 비밀

나는 앰프를 내 방에 숨겨 두고 아침을 먹기 위해 아래층으로 내려갔다. 그리고 식탁 의자에 털썩 앉았다.
'이 엄청난 비밀을 누구한테 말하지? 끝까지 비밀에 부쳐야 하나?'
토할 것 같은 기분이었다. 겁도 나고, 피곤했다. 한편으론 신이 나기도 했다. 괜히 우쭐해지다가 괜히 소심해지기도 했다. 뭔가 오싹 소름 끼치고, 허기진 것 같으면서 헛배가 부른 것도 같았다. 슬프고, 심술나고, 어지러웠다. 이 모든 감정이 동시에 생겨났다.
나는 냉동 와플을 들고 귀퉁이를 야금야금 갉아먹었다. 토스터에 넣고 구워 먹어야 하는데 그것도 잊고 있었다. 내가 이상했는지 엄마는 내 이마와 목을 이리저리 짚어보셨다.
"잭, 너 한숨도 못 잔 것처럼 보이는구나."

엄마가 냉동 와플을 토스터에 집어넣으면서 말을 이었다.

"어젯밤에 누군가 우리 집 주위를 돌아다녔는지 사방에 발자국을 남겼던데."

아빠가 커피 잔을 들며 대꾸했다.

"그거 잭이었어."

아빠는 잔 너머로 나를 흘깃 보았다.

"어젯밤에 팬티 바람으로 집 안 여기저기를 돌아다니는 걸 내가 붙잡았거든."

"사랑에 빠졌나 봐."
동생인 테일러가 자기가 발명한 전기 포크로 팝타르트를 쿡쿡 찔러대며 말했다.
"올리비아랑."

아빠는 베이컨을 찍은 포크를 흔들며 내게 말했다.

"잊지 마, 잭. 올해는 네 태도를 바꾸겠다고 약속했지. 책을 보도록 해."

"형이 책을 보기는 해요."

동생이 끼어들었다.

"어젯밤에 형 방을 슬쩍 들여다봤더니 과학책을 베개로 쓰고 있던데요. 완전 침을 질질 흘리면서요."

"이 염탐꾼!"

나는 화가 나서 으르렁거렸다. 아빠는 으흠 흠 하며 목청을 가다듬고 말했다.

"잭, 이제 4학년도 됐는데 달라져야지, 그렇지? 그렇게 하기로 우리 서로 이야기한 것도 있고."

"속옷 차림으로 춤추며 돌아다니는 걸 보면 집중력이 생길 것 같지는 않아요."

테일러가 자신이 발명한 바보같이 생긴 포크를 자세히 들여다보며 말했다.

"그만 하렴."

아빠가 테일러를 타일렀다.

동생은 어젯밤 상황을 전혀 모르고 있었다.

"형, 내가 형에게 과학을 가르쳐 줄 수 있어."

동생은 짐짓 다정한 척 덧붙였다.

"그것도 무료로."

"그래? 그럼 나는 네 얼굴을 손 봐 줄 수 있어. 무료로."

테일러는 과학만 좋아하는 괴짜로 늘 자기 자랑만 일삼는

51

다. 심지어 체육 시간보다 과학 시간을 더 좋아한다고 자랑하고 다녔다. 분명 정상이 아니다. 아빠는 내게 눈총을 주며 그만하라고 경고했다.

"잭, 잠을 제대로 못 잔 것 같아."

엄마는 구운 와플을 건네주었다. 그러고는 내게 열이 있는지 확인하려고 여기저기 짚어보았다.

"그냥 좀 이상한 꿈을 꿔서 그래요."

"대박! 그래서 속옷 바람으로 몽유병 환자처럼 걸어 다니셨군."

테일러가 놀려댔다. 평소 같았으면, 흠씬 두들겨 패서 나중에 태어날 손자들까지 절뚝거리게 만들겠다고 으르렁댔을 거다. 하지만 지금은 그저 동생을 쏘아보기만 했다.

부모님은 이상하다는 표정으로 서로를 쳐다보셨다. 나는 망고 오렌지 파인애플 주스를 손가락으로 휘저었다가 입에 넣었다. 아무 맛도 느껴지지 않았다. 문득 앰프의 존재를 비밀에 부치는 것이 무척 어려울 거라는 생각이 들었다.

'어른들한테 들키면 안 될 텐데.'

만약 정부에서 낌새라도 채면 당장 달려와 앰프를 검사하겠다며 데려갈 것이다. 비밀 연구소 같은 데 보내 해부할지도 모른다. 부모님이 과학자이기 때문에 나는 이런 일들이 어떻게 전개되는지 잘 알고 있다. 10살짜리 꼬마 하나가 지구에 떨어진 외계인과 무얼 하고 싶어하는지 따위는 과학자들에게 전혀 관심 없는 일이다.

지금 당장 계획을 세워야 한다. 학교 수업이 끝나면 곧장 여기 와야 한다.

> 그리고 지금 내 금붕어를
> 돌보는 외계인을
> 어떻게 해야 할지
> 방법을 궁리해야 한다.

올리비아나 부모님에게 소개할 수도 있지만, 그렇게 하려면 먼저 앰프와 상의해야 한다. 분명한 것은 나 혼자 우주선을 고칠 수는 없다는 사실이다. 나는 도움이 필요할 것이고 그 사실을 앰프에게 설명해 줘야 한다.

"집에서 쉬어야 하지 않을까, 얘야?"

엄마가 내 몸의 상태를 물었다.

"걔, 괜찮아."

아빠는 스마트폰에서 눈도 떼지 않고 대답했다.
"형은 항상 그래 보이는 게 문제야."
동생이 끼어들었다.
"사각팬티 소년. 4분 후면 스쿨버스 오거든."

내가 현관문 앞에서 가방을 챙겨들 때 엄마가 다가와 넌지시 말을 던졌다.
"몸이 계속 안 좋으면 보건실로 가서 약 먹고, 선생님께 엄마한테 전화해 주시라고 하렴."
"그럴 게요."
나는 힘없이 웃으며 대답했다. 테일러와 함께 앞마당을 가로질러 걸어가며 집 쪽을 돌아봤다. 앰프를 혼자 두고 가는 게 왠지 께름칙했다.

스쿨버스 소동

 나와 테일러는 스쿨버스 도착 시간에 늦어 헐레벌떡 달려갔다. 올리비아가 스쿨버스 정류장에서 우리를 기다리고 있었다. 온갖 질문을 퍼부으려고 잔뜩 벼르는 것 같았다. 그건 정말 귀찮은 일이었다. 그런데 올리비아가 질문을 채 하기도 전에 스쿨버스가 도착했다. 덕분에 나는 굳이 대답할 필요가 없었다.

 버스에 오르니 좋은 자리는 이미 다 차 있었다. 하는 수 없이 난 맨 뒷자리로 가서 끼어 앉았다.

 맥스 마이어스가 다음 정류장에서 올라탔지만 난 미처 보지 못했다. 그리고 맥스가 버스에 탔다는 사실을 알아차렸을 때는 이미 늦었다.

 맥스는 스쿨버스 운전사 아저씨만큼이나 덩치가 컸다. 어쩌면 아침마다 면도를 할지도 모른다.

맥스는 우리 동네 최고의 야구팀 투수였다. 나도 그 야구팀에 들어가고 싶었다. 그러나 포수 포지션인 내가 그 야구팀에 들어가면 맥스 마이어스가 던지는 빠른 공을 잡아내야 한다. 그건 최악이었다. 차라리 잔디밭에서 다트 던지기 놀이를 하는 편이 더 나을 것이다.

"잭, 넌 지금 이 맥스의 파워를 잊은 거냐?"
맥스가 뒷자리로 걸어오며 말했다.
"내가?"
나는 운전사 아저씨가 맥스에게 그냥 빈자리 찾아 앉으라고 말해 주길 바랐다. 하지만 아저씨도 그 누구도 맥스에게 이래라저래라 하지 않았다.

평소 같으며 나 대신 올리비아가 맥스의 코를 납작하게 해주었을 것이다. 하지만 오늘은 개학 첫날이라서 올리비아는 앞자리에 앉아야 했다. 테일러도 1학년 신입생들을 돌보느라 앞자리에 앉았다. 뒷자리엔 나 혼자였다.
"미안해, 맥스. 그런데 무슨 얘길 하는지 잘 모르…."
"미스터 맥스가 왔다고! 명청한 잭!"
맥스가 소리를 꽥 질렀다.
순간 버스 안이 조용해졌다. 모두 이게 무슨 소동인가 싶어 몸을 돌려 뒤를 봤다.

"맥스 파워!"

맥스가 반복해서 말했다.

"뒷자리는 모두 내 자리란 건 너도 알지? 너 지금 멍들고 싶어서 멍 때리고 있는 거지?"

맥스가 내 멱살을 잡았다.

"어어…, 알았어."

나는 기어들어가는 목소리로 대꾸하며 근처에 빈자리가 없나 두리번거렸다. 물론, 하나도 없었다.

그때 정말 이상한 일이 벌어졌다.

"난 널 형제같이 사랑해, 잭."

맥스가 우렁차게 외쳤다. 눈에는 진심이 가득 담겨 있었다. 그러고는 멱살 잡은 손을 풀어 나를 놓아주었다. 자기가 왜 그러는지 알 수 없다는 듯 혼란스러운 표정을 지으며 말을 이었다.

"난 네가 말이야, 내 절친이 돼주면 좋겠어, 잭!"

이 말에 모두 기절할 듯 놀랐다. 여기저기 웅성거리는 소리가 들렸다.

"헉, 지금 맥스가 뭐라는 거야?"

"말도 안 돼!"

이건 정말 말도 안되는 일이었다. 맥스의 사전엔 친구란 없었다. 부하만 있을 뿐이었다.

난 기운이 다 빠져 너덜너덜해진 상태로 말했다.

"그거 멋진 생각이야, 미스터 맥스."

이 기이한 상황을 피하고 싶었다. 그런데 맥스가 갑자기 주머니에서 돈을 꺼내더니 내 앞에 들이밀었다.

"여기, 내 점심 값 다 줄게."

맥스의 행동이 아무래도 수상했다. 틀림없이 이상한 속임수일 거다.

"괜찮아, 미스터 맥스. 너도 점심 먹어야 하잖아."

그때, 내 책가방 안에서 무

언가가 움직이는 것이 보였다. 앰프가 배낭 앞주머니의 지퍼를 열고 얼굴을 내밀었다.

입이 딱 벌어지고 머리가 어질어질했다. 내가 등교 준비로 바쁠 때 몰래 숨어든 게 틀림없었다. 내 가방에 외계인 밀항자가 있다니!

앰프는 웃음을 참으려는 듯 두 손으로 입을 가리고 있었다. 나는 너무 놀라 머릿속이 텅 빈 듯 아무 생각도 떠오르지 않았다.

"오! 이 장미 냄새!"

맥스가 즐거운 목소리로 소리쳤다.

"너희도 이 냄새 맡고 있지? 아침에 꽃향기를 맡다니! 정말 좋아!"

맥스가 무슨 말을 하는 건지 도대체 알 수가 없었다. 내 코엔 버스에서 풍기는 퀴퀴하고 역겨운 냄새만 느껴질 뿐이었다. 버스 안 풍경이 좀 전까진 '조용했다'라고 한다면, 지금은 숨소리도 들리지 않을 정도로 다들 얼어붙었다.

나는 앰프를 바라봤다. 앰프는 아주 재미난 놀이라도

하는 듯 즐거운 표정이었다. 나는 그제야 이 모든 일이 앰프가 꾸민 짓이라는 걸 깨달았다. 앰프가 맥스를 조종한 것이다.

맥스는 엄청 큰 충격을 받은 것 같았다. 나는 앰프에게 고개를 가로저어 보이며 하지 말라고 속삭였다.
"너 그러다 잡히면 큰일나!"
맥스가 갑자기 소리쳤다.

"아악! 등 가려워! 참을 수가 없어."

맥스는 책가방을 벗어 팽개치고는 등을 긁으려고 몸을 이리저리 비틀었다.
"손이 안 닿아!"
맥스는 꽥꽥 소리를 질러댔다. 모두가 어리둥절한 표정으로 맥스를 쳐다보았다. 맥스는 버스 통로에 두 다리와 두 팔을 뻗고 철퍼덕 엎드렸다.
"긁어! 빨리 긁으라고!"

맥스가 고래고래 악을 쓰자 아이들 몇 명이 그제야 정신이 드는지 자리에서 일어나 맥스의 우람한 등을 긁기 시작했다.

맥스는 흥흥 신음소리를 내며 좋아했다.

"아주 좋아. 아주아주 좋아."

맥스는 노래하듯 중얼중얼거렸다. 여태까지 우리가 본 것 중 가장 이상한 모습의 맥스였다. 우리는 불안했다. 맥스 마이어스가 주먹을 흔들며 협박할 때보다 오히려 더 불안했.

'저러다가 갑자기 벌떡 일어나 덮치는 거 아냐? 미리 도망가야 하는 거 아냐?'

하지만 우리가 불안해하던 일은 벌어지지 않았다. 맥스는 버스 바닥에 납작 엎드린 채 그대로 학교까지 갔다.

앰프는 사람들을 조종하는 방법을 알고 있었다. 얼마나 멋진 일인가!

앞으로 벌어질 멋진 일들이 떠올랐다. 지금부터 나는 올 A를 받을 수도 있고, 최고의 야구팀을 꾸릴 수도 있을 것이다. 엄마한테 용돈도 올려 달라고 하면… 엄마는 '물론' 하고 대답할 것이다. 4학년 생활이 생각보다 훨씬 더 재미있어질 것 같았다.

08
프룩처럼 굴지 마!

1교시 시작종이 울리기 전에 나는 앰프와 말하기 위해 텅 빈 과학실로 몰래 들어갔다.

"어쩔 계획으로 그러는 거야?"

"무슨 계획?"

앰프는 무슨 얘기인지 모르겠다는 듯 되물었다.

"너의 그 잘난 문명은 사람을 조종하는 능력도 만드나보지?"

내가 퉁명스럽게 말하자, 앰프가 얼굴을 찌푸리며 말했다.

"네가 대체 우리 문명에 대해 뭘 안다고 그렇게 말하지? 우리 문명에서는 맥스 같은 프룩은 만들지 않는다."

"프룩? 프룩이 뭐야?"

"우리 엘드 행성 말인데, 그게 무슨 뜻인지는 말해 주지 않을 거다. 너는 아직 그 말뜻을 알기엔 너무 어리다."

"그래? 그러는 넌 몇 살인데?"

"흐음. 너희가 쓰는 태양력으로 내 나이를 센다면 말이야…, 물론 우리 달력은 너희 것과는 완전히 다르다. 태양계에서는 지구가 태양을 한 바퀴 도는 시간을 1년으로 계산하지. 그렇게 계산한다면… 나는 약 412 살이다."

"뭐라고? 앰프, 이 뻥쟁이!"

"프룩처럼 굴지 마, 잭 맥기."

나는 책가방을 과학실험실 탁자 위에 올려놓고 말했다.

"어쨌든 넌 오후에 내가 집으로 갈 때까지 내 방에 숨어있어야 했어."

"나는 정찰대이다. 방에 숨어있을 수 없다. 지구에 대해 더 자세히 알아야 한다."

앰프는 주머니에서 나와 과학실을 돌아다녔다.

"저게 원소 주기율표인가?"

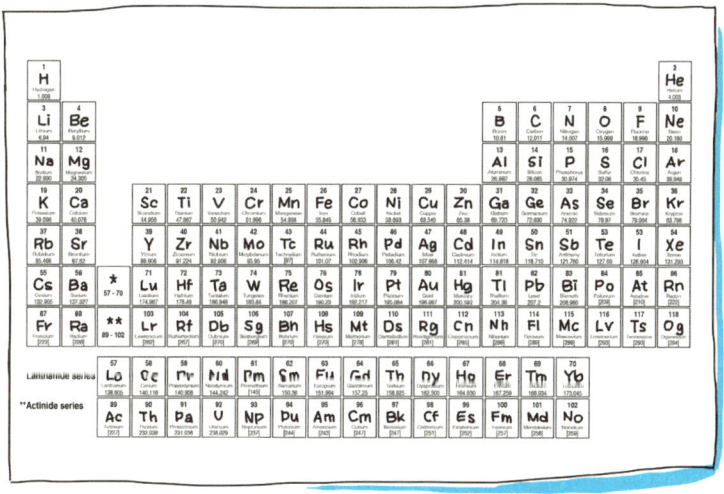

앰프는 벽에 걸린 표를 가리키며 깔깔대고 웃었다.

"잭, 너희 지구인은 원소의 절반 이상을 놓치고 있다!"

"앰프, 나는 원소가 뭔지도 몰라."

나는 원소가 뭔지도 모르고 또 알고 싶지도 않았다. 앰프는 한숨을 쉬더니 돌아서서 손목에 대고 속삭였다.

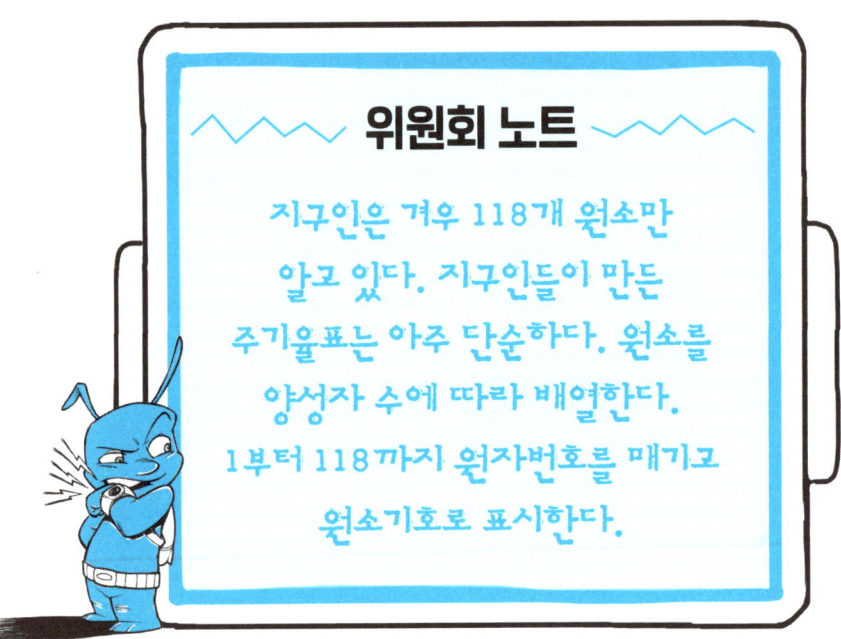

위원회 노트

지구인은 겨우 118개 원소만 알고 있다. 지구인들이 만든 주기율표는 아주 단순하다. 원소를 양성자 수에 따라 배열한다. 1부터 118까지 원자번호를 매기고 원소기호로 표시한다.

말을 마치고 앰프는 내게 말했다.

"나는 지구 나이로 백 년 넘게 학교에 다녔다."

"우와, 진짜 지겨웠겠다."

그때 첫 수업을 알리는 예비종이 울렸다. 앰프는 화들짝 놀라 다이빙하듯 책가방 주머니 속으로 뛰어 들어갔다. 헐! 진짜 빨랐다.

"대단히 빠른 엘드인이지?"

앰프는 주머니 속 어딘가에서 소리쳤다.

"겨우 예비 종소리일 뿐이라고."

나는 이 골칫덩이를 어떻게 해야할지 몰라 머리를 쥐어짰다.

"햄스터 한 마리를 학교에 가져올 때도 허가증을 3통이나 받아야 하는데, 난 지금 400살 된 외계인을 데리고 왔어. 이제 난리가 날 거야. 교장 선생님이 뭐라고 할지 상상이 안 돼."

앰프가 가방에서 거꾸로 기어 나오면서 말했다.

"예외 조항을 만들면 될 거다."

나는 심통이 나서 앰프에게 쏘아붙였다.

"룬츠 교장 선생님에게 예외란 없어. 아주 엄격하시다고! 물론, 우리 학교 규칙에 외계인 침략자에 대한 것은 없지만 말이야."

"교장 선생님은 내가 다룰 수 있다. 날 교장 선생님께 데려가기만 해. 그럼 금방 고양이처럼 짖게 만들어 줄 테다."

"그건 절대 안 돼. 그리고 고양이들은 짖지 않아. 개들이 짖는 거야."

앰프의 말을 듣고나니 스쿨버스에서 일어났던 일이 떠올랐다.

"이제 털어놔. 프룩 같은 맥스에게 무슨 짓을 한 거야?"

"프룩?"

앰프는 즐거운 듯 소리쳤다.

"넌 정말 빨리 학습하는구나, 잭."

"어떻게 맥스를 조종한 거야? 그건 마법사의 마술 같았어! 어떻게 하는지 가르쳐 줄 수 있어?"

"아니, 그럴 수는 없다. 내 두뇌 구조는 너희 것과 다르다."

"물론 그러시겠지. 너의 두뇌는 땅콩만할 걸, 아마."

"맞다, 땅콩보다 더 작다. 하지만 훨씬 더 밀도가 있다."

"밀도? 밀도는 우리 동네 빵집 이름인데?"

앰프는 어이없다는 표정으로 나를 보며 말했다.

"정신 차려, 잭. 밀도란 부피와 질량의 비율로, 어떤 물체의 압축 정도를 나타내는 거다. 넌 이제 이런 걸 알아야 한다."

"응, 그렇다 치고. 그게 사람 마음을 바꾸는 능력과 무슨 관련이 있어?"

"자, 그러니까, 그런데 이걸 어떻게 설명한다?"

앰프는 잠시 천장을 쳐다보다가 말을 이었다.

"나는 정신에 충격을 주는 빠른 진동을 발사할 수 있다. 그것은 음파와도 비슷하다. 이 진동은 사람의 두뇌와 생각에 영향을 미칠 수 있다. 물론 아주 짧은 시간 동안만 가능하다. 충동 같은 걸 일으키는 것이다."

"충동?"

"지구인들에게는 익숙한 말이 아닐 것이다. 충동이란 마음에 갑자기 어떤 강렬한 욕구가 일어나서 몸을 움직이게 하는 것이다. 그러나 오래 지속되지는 않는다."

"그래서 맥스가 갑자기 내 절친이 되어 점심 값도 주고, 꽃 향기도 맡고, 갑자기 가렵다고 난리친 거야?"

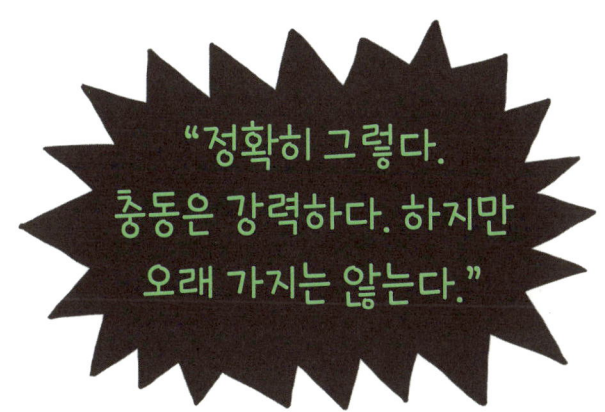

"정확히 그렇다.
충동은 강력하다. 하지만
오래 가지는 않는다."

"나한테 한번 해봐!"

나는 생각만으로도 신이 나 손뼉을 쳤다.

"자, 나한테 해보라니까."

"정말? 진심이냐?"

앰프가 되물었다. 내가 고개를 끄덕이자 앰프는 싱긋 웃으며 대꾸했다.

"좋다."

갑자기 시큼한 우유를 마신 느낌이 왔다. 최악이었다. 며칠 지난 정도가 아니라 몇 주는 푹 썩힌 우유 같았다. 끈적끈적하고 응고된 덩어리들이 물컹거리는 우유였다.

"아악!"

나는 비명을 질렀다. 아침에 먹은 와플까지 다 토할 것 같았

다. 몇 초 동안 휘청대며 구역질을 했다. 앰프가 말했던 것처럼, 충동은 왔다가 금방 사라졌다. 강렬했지만 짧았다. 다행히 내 아침 식사는 아직까지 뱃속에 안전하게 있었다.

"체리 파이 맛 같은 걸 보여줄 수는 없어? 피자라든가! 썩은 우유 맛이라니, 정말 고약해. 못됐어."

나는 화가 나서 소리를 꽥 질렀다.

"뭔가 강력한 걸 보여주고 싶었다."

앰프는 뭐가 그리 재미있는지 끼익거리며 웃어댔다.

"이제 내 우주선을 수리하는데 필요한 재료를 찾아보자. 이런 허접한 교실에도 강력한 자석이 있는가? 텅스텐 같은 거 말이다."

"텅스텐이 대체 뭐야?"

"주기율표에 있다. 6주기 6족을 봐라. 여기."

"6주기 6족? 그게 뭐야?"

앰프는 아주 답답하다는 듯이 대꾸했다.

"주기율표의 가로줄을 주기라고 하고, 세로줄을 족이라고 한다. 표는 볼 줄 알겠지?"

나는 헛기침을 하며 앰프가 가리키는 주기율표를 보았다.

"응? 으응…. 그렇지."

또 모른다고 하면 아예 바보취급을 당할 것 같았다. 그냥 아는 척 하는 게 좋을 거 같다

앰프는 한숨을 푹 내쉬며 말했다.

"원자 번호는 74이다. 원자핵에 있는 양성자의 수이다. 텅스텐은 고융점 금속으로 밀도가 대단히 높다. 탄소 다음으로 두 번째로 높다. 우주선을 수리하려면 텅스텐이 조금 필요하다."

"야, 너 진짜 똑똑하구나, 앰프."

나는 기가 죽어 한숨을 내쉬었다. 앰프는 나를 놀리려는 듯 머리를 까닥까닥하며 말했다.

"너도 내 예상보다는 두뇌의 밀도가 높다."

앰프는 교실을 휘이 둘러보며 말을 이었다.

"그건 그렇고, 여기에 텅스텐이 좀 있을까?"

"글쎄, 난 아직 여기에서 과학 실험 수업을 해보지 않아서 텅슨가 뭔가 하는 게 있는지 없는지 모르겠는데."

"텅스텐."

앰프가 고쳐 말했다.

"뭐든 간에 말야. 그리고 난 지금 수업에 들어가야 해"

"나는 여기 있겠다. 너는 가서 공부하고, 난 여기서 물품을 조사한다."

"아니, 그럴 수는 없어."

내가 단호하게 말했다.

"널 여기 두고 가지 않을 거야. 잡힐지도 모른다고."

"아무도 나를 못 잡는다, 잭. 그리고 빨리 재료들을 모아야…."

그때 수업 시작종이 울렸다. 앰프는 하던 말도 채 못 끝내고 후다닥 가방 주머니 안으로 뛰어 들었다. 번개 같았다.

가방 안에서 앰프의 짜증 섞인 말소리가 들렸다.

"얼마나 자주 저 소음이 발생하는 거지?"

나는 가방을 낚아채듯 집어 들고 앰프가 숨은 주머니의 지퍼를 닫았다. 그리고 문 쪽을 향해 걸어갔다.

"두 번째 수업 종소리였어. 두 번째 종은 내가 지금부터 1분 안에 책상에 앉아 있어야 한다는 뜻이야."

09
사라진 앰프

중요한 규칙 한 가지!
만약에 외계인이 있다면, 학교에는 데려오지 말아야 한다.
절대 안 된다.
외계인과 학교는 어울리지 않는다.

이 규칙은 꼭 지켜야만 했다. 내가 책상에 앉은 지 얼마 되지 않았을 때였다. 의자 밑에 책가방을 쑤셔 넣고 있는데, 마틴 선생님이 학생들을 둘러보며 말했다.
"어머나! 어디서 바닐라 냄새가 나지 않니?"
선생님은 웃고 있었으나 불안한 표정이었다. 선생님은 창밖을 내다보며 다시 혼잣말을 했다.
"바닐라 원액을 싣고 가던 트럭이 뒤집어진 것 같아. 냄새가 굉장히 강하네."

나는 혼잣말로 속삭이듯 말했다.

"아! 안 돼. 또 이러면 안 돼."

교실 안이 갑자기 조용해졌다. 다들 멍한 얼굴로 알 수 없다는 표정을 주고받으며 어깨를 으쓱였다.

"자, 수업 시작하겠습니다. 사회 책 17장을 펴세요."

선생님은 정신을 차린 듯 평소처럼 학생들에게 말했다. 내가 막 교과서를 꺼내는데, 선생님이 또 다시 괴상한 이야기를 했다.

"다들 주목! 선생님은 잭 맥기가 이 학교에서 가장 잘 생긴 소년이란 걸 모두가 알아주기 바란답니다."

선생님은 말하면서 스스로 이상하다는 표정을 지었다.

모두가 숨을 멈춘 듯 조용했다. 잠시 후 여기저기서 킥킥대는 소리가 들리더니 일제히 웃음이 터졌다. 나는 얼굴이 화끈화끈 달아올라 의자 밑으로 고개를 숙였다.

"앰프!"

나는 나지막한 소리로 으르렁거렸다.

"제발 그만 해! 제발 이러지 마!"

그때 갑자기 에밀리 빈카튼이 책상에서 벌떡 일어났다.

"저도 동의해요, 선생님. 잭은 복숭아만큼 귀여워요."

복숭아? 아이들은 모두 뒤집어질 듯 웃어댔다.

"맞아요. 잭을 보면 편안하고 느긋하다는 느낌이 들어요."

이젠 데이비 스워프까지 입을 모았다. 그러나 데이비는 자기가 무슨 말을 하는지 전혀 모르겠다는 표정이었다.

"나는요, 잭의 머릿결을 쓰다듬어 주고 싶어요!"

갑자기 렉시 에반스까지 끼어들었다. 렉시는 마치 빙고 게임에서 1등이라도 한 듯 호들갑을 떨었다.

웃음소리는 교실이 떠나갈 듯 울려퍼졌다. 내 머릿속은 친구들의 웃음소리로 왕왕댔다. 얼굴도 온통 새빨개졌을 것이다. 금방이라도 얼굴에 불이 붙어 활활 타오를 것 같았다.

앰프를 막아야 했다. 쬐그만 앰프 녀석을 납작하게 눌러줘야 정신을 차릴 것 같다. 난 책상 밑에 넣어둔 가방을 끄집어 내 책상 위에 팽개치듯 올려놓았다. 주머니의 지퍼를 휙 잡아당겼다.

"앰프, 너 진짜 어쩌려…."

말을 시작하려는데 주머니가 비어 있었다.

"앰프!"

나는 큰소리로 앰프를 부르며 책상 주변을 뒤졌다. 내 외계인이 제멋대로 사라지다니!

"무슨 일이야?"

올리비아가 내 귀에 대고 물었다. 올리비아는 나와 같은 줄이지만 책상 몇 개 뒤에 앉아 있었다. 그런데 어느새 내 옆에 바싹 다가와 내 어깨를 흔들었다.

"이거 장난 맞지? 대~박! 왜 나한테 얘기 안 했어?"

나는 올리비아를 밀치며 말했다.

"지금은 말 못해."

나는 가방을 손에 움켜쥔 채 기어다니며 아이들의 발 밑을 샅샅이 뒤졌다.

"앰프! 너 어딨어? 그 파란 목을 비틀어버리기 전에 빨리 당장 주머니로 들어가!"

앰프는 어디에도 없었다. 감쪽같이 사라진 것이다.

"잭 맥기, 자리에 앉아요."

선생님이 바로 뒤에 서서 박수를 세게 치며 명령했다. 잘 생긴 소년 어쩌고 하던 선생님의 충동적인 생각은 확실히 사라진 것 같았다. 다른 친구들도 정상으로 돌아간 듯 보였다.

그 순간 아찔한 생각이 번쩍 스치고 지나갔다.

'앰프가 일부러 소동을 벌인 거 아냐? 교실을 빠져나가려고!'

앰프는 아마 그 텅스 뭔가 하는 걸 찾으러 과학 실험실로 정신없이 뛰어가고 있을 것이다. 그러다가 생쥐라도 만나면 어쩌지? 생각만 해도 머리칼이 쭈뼛 섰다.

나는 벌떡 일어나 선생님께 여쭈었다.

"화장실에 가도 될까요?"

선생님은 내 눈에 나타난 극심한 공포를 본 게 틀림없었다.

"당연히 괜찮죠, 잭."

선생님은 충분히 이해한다는 듯 고개를 끄덕였다.

> 나는 비틀비틀 복도로 걸어 나왔다.
> 도대체 어디 있는 거야?

나는 주먹을 불끈 쥐며 다짐했다.

"너를 새장에 집어넣고 말 테다!"

실험실로 가려고 모퉁이를 돌다가 룬츠 교장 선생님과 딱 마주쳤다. 교장 선생님의 불룩 나온 배에 하마터면 부딪힐 뻔했다.

"잭 맥기, 이건 좋은 생각이 아니란다."

교장 선생님은 내 팔을 단단히 붙잡고 무섭게 내려다 보았다. 그리고 다른 손으로 코에 걸린 안경을 밀어 올리고는 고개를 저으며 물었다.

"왜 수업 시간에 복도에서 뛰어다니는 거니? 무슨 일이야?"

나는 무슨 말을 해야 할지 몰라서 우물우물거렸다.

"흐음, 부모님께 전화를 할까, 아님 그냥 이유를 말할래?"

나는 교장 선생님한테 붙잡힌 채 그대로 교장실 쪽으로 끌려갔다.

룬츠 교장 선생님

"무슨 일이니?"

언제 교실을 빠져나왔는지, 올리비아가 내 옆에 딱 붙으며 말했다. 올리비아는 교장실 밖 복도에 줄 지어 놓아둔 그 많은 의자들 가운데 바로 내 옆 의자에 앉았다.

"보면 모르냐? 교장 선생님이 부르기를 기다리잖아. 이제 교장실에 들어가면 난 끝장이야."

올리비아는 주먹으로 내 팔을 쳤다.

"그러길래 나 빼놓고 왜 너 혼자 꿍꿍이야?"

주위를 둘러보며 내가 물었다.

"근데 넌 수업 도중에 어떻게 나온 거야? 복도에서 뭐 이상한 거 못 봤어?"

"화장실 통행증을 얻었지롱."

올리비아는 짧게 대답하고는 벌떡 일어서더니 교장실 문에

귀를 바짝 갖다댔다.

"그만 둬. 그러다 혼날 거야."

나는 작은 소리로 씨근대며 말했다.

"너 오늘 이상한 사람처럼 행동하는 건 알아?"

눈을 찌푸리며 올리비아가 말했다.

올리비아는 다시 내 옆에 바짝 다가와 앉았다.

"온 세상 사람들한테 민망한 걸 보여주려고 창문을 활짝 열어젖히고 잠을 자고, 버스 정류장에서는 나를 보자마자 내빼더니, 버스 안에서는 맥스 마이어스를 기어 다니게 만들었잖아. 그리고 이제는 둔

스 교장 선생님과 어울리다니!"

"둔스가 아니라 룬츠."

"그래, 맞아. 룬츠!"

내가 속삭였다.

"좀 조용히 해 줄래? 오늘 너무 힘든 날이거든. 네가 그러지 않아도 벌써 충분히 힘들어."

올리비아는 내 이마에 손을 얹었다.

"너 지금 정신이 이상해지는 독감에 걸렸을지도 몰라. 열 많이 나는 거 아냐?"

나는 올리비아의 손을 밀쳤다.

"그런 게 아니라 좀 복잡한 일이야."

"널 복잡하게 만드는 사람이 누구니? 난 어떤 일도 다 해결히는 여전사 올리비아야. 비밀 있으면 모두 털어놔, 재키."

"난 지금 어려운 상황에 처해 있어. 너도 날 피하는 게 좋아. 거미줄 같이 복잡한 재앙에 얽혀 들고 싶지 않다면."

"날 봐. 난 해결사야, 너도 알지?"

그녀는 눈썹을 치켜 올리며 말했다.

"문제가 있다면 내가 해결할 수 있어. 내가 룬츠를 좀 다룰 줄 알지."

올리비아는 발끝을 들고 교장실을 들여다보더니 교장실 문의 손잡이를 잡고는 나를 돌아보았다.

"널 위해 내가 들어가서 말한다?"

나는 기겁하며 올리비아에게 간청했다.

"그러지 마! 알았어! 무슨 일이 일어났는지 말해 줄게. 그런데 네 도움이 필요해. 나의… 새 친구를 찾는 일에."

올리비아는 재미있다는 표정으로 나를 바라보았다.

"새로운 친구라고? 빨리 말해, 잭 맥기!"

나는 생각을 정리하며 차근차근 말했다.

"우리 집에 손님이 찾아왔어. 비밀 손님."

올리비아는 얼굴을 바짝 들이대며 물었다.

"너희 집? 네가 살고 있는 집 말야?"

"응! 그 비밀 손님은 정말… 음… 진짜 작아."

"네 말은, 지금 어떤 작은 사람이 너희 집에 비밀리에 살고 있다는 거지? 그 사람 허브 삼촌이지?"

"아냐! 넌 만난 적이 없어. 지구 출신이 아니라고."

"그래? 그러니까 지금 너희 집에 낯선 작은 사람이 살고 있다는 거잖아?"

올리비아는 잠시 나를 빤히 쳐다보더니 다시 물었다.

"그게 마틴 선생님이 바닐라 냄새를 맡은 것이나, 널 멋진 사람이라고 말한 것과 무슨 상관이 있다는 거야?"

"으응, 이 손님은 말이야… 우리와 달라. 파래."

"파리해? 파리하다면 아프다는 거니?"

처음부터 설명이 쉽지는 않으리라고 생각했다. 나는 끙 하고 신음소리를 냈다.

"아니, 파리하다는 게 아니고 파랗다고."

올리비아가 목소리를 높여 말했다.

"아! 이제 알겠어! 네 집에 아주 작은, 파란색 남자가 비밀리에 와 있다. 완벽히 이해했지?"

나는 의자에 힘없이 주저앉으며 말했다.

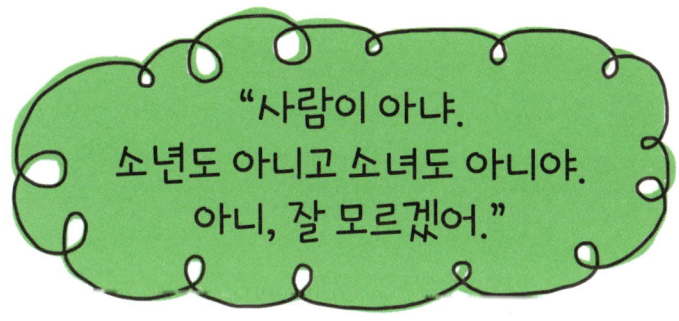

올리비아가 멈칫하더니 나를 쏘아보며 말했다.

"잭 맥기, 너 상상의 친구들과 너무 오래 놀았구나."

"상상의 친구가 아니야."

나는 쉿소리를 내며 강조했다.

"너 정말 왜 그래? 정신 차려!"

올리비아가 양손으로 내 어깨를 움켜잡고 세게 흔들어댔다.

"잭, 너 지금 뭐하는 거니?"

룬츠 교장 선생님이 어느새 교장실 문을 열고 우리를 보고 있었다. 교장 선생님은 영 마뜩찮은 표정이었다.

올리비아가 벌떡 일어나더니 셔츠에 잡힌 주름을 손으로 문질러 펴고는 연극 배우처럼 목소리를 가다듬으며 말했다.

"선생님, 저는 여기 잭 맥기를 대신하여 변호하기 위해 와 있습니다. 선생님 앞에 앉아 있는 이 소년은 지금 어려움에 처해 있습니다."

나는 의자 밑으로 파고들어가 저 바닥 밑으로 사라지고 싶었다. 교장 선생님은 우리 둘을 번갈아 쳐다보았다. 그 시간이 영원처럼 느껴졌다.

"좋아, 하지만 나는 너희 둘과 따로따로 얘기할 거야. 너, 먼저."

교장 선생님은 올리비아를 가리켰다. 나는 벌떡 일어나 항의하려 했지만, 교장 선생님은 엄한 표정으로 나를 말렸다. 나는 천천히 의자에 앉았다. 올리비아가 교장실로 들어가고 곧 문 닫히는 소리가 딸깍 들렸다. 나는 오늘 엄마 말대로 집에 있어야 했다.

네가 망쳤어!

　교장실의 창문 너머로 올리비아가 재잘대는 소리가 들렸다. 그 소리를 들으며 이제 내 인생은 망했단 생각이 들었다. 나의 4학년은 새로운 시작이 아니라 심각한 위기에 이른 것이다.

"잭, 미안하다."

앰프의 목소리가 옆 의자에서 들려왔다.

"아악!"

나는 간이 떨어지는 줄 알았다. 새된 소리로 비명을 지르며 물었다.

"너 어디 있었어?"

"시끄럽게 울려대는 종소리만큼 무서운 게 없었다. 그 소리가 계속…."

나는 앰프의 말을 다 듣지도 않고 재빨리 손으로 낚아챘다.

"너 이러면 드롭킥으로 날려 가방 주머니에 넣어버릴 거야."

나는 꼭 쥔 주먹 사이로 얼굴을 내민 작은 외계인에게 나지막이 으르렁댔다.

앰프는 아픈 듯 얼굴을 찡그렸다.

"너무 꽉 쥐고 있다."

앰프가 힘없이 말했다. 그제야 난 손아귀를 느슨하게 풀었다. 앰프는 헉헉대며 공기를 들이마시고는 말했다.

"내가 미안하다고 했다."

"그 별 볼 일 없는 우주선의 부품 때문에 온 학교를 발칵 뒤집어 놓는 것은 있을 수 없어."

나는 씩씩대며 말을 이었다.

"한 사람의 인생을 망치는 일도 해서는 안 돼."

앰프는 당황한 표정으로 말했다.

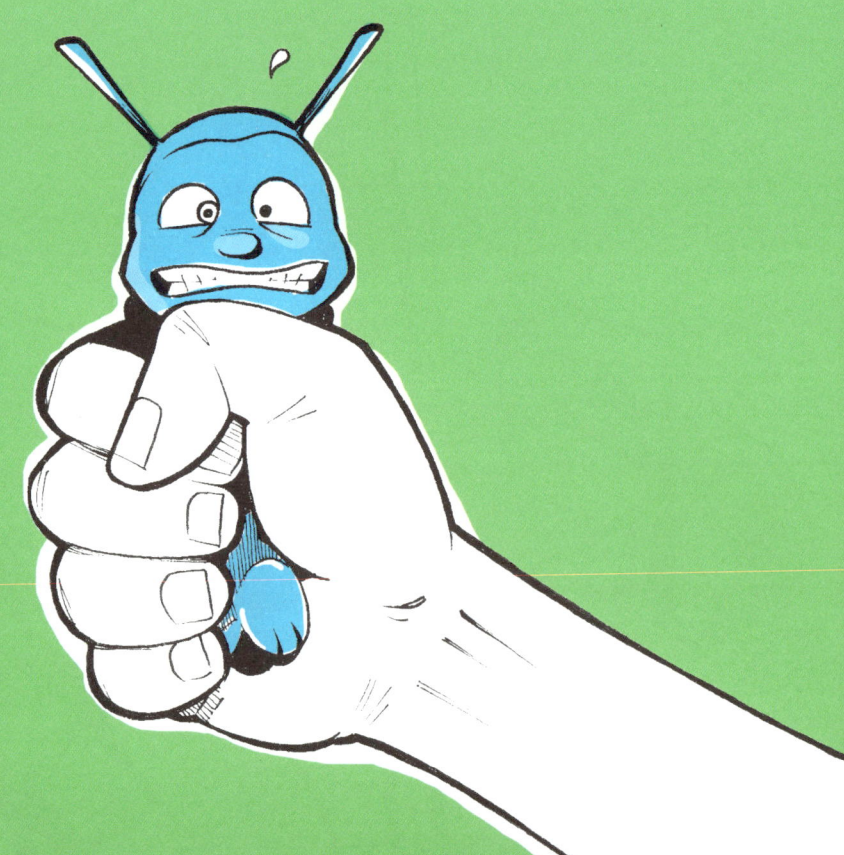

"난 그 어떤 것도 망치지 않았다."

나는 이빨을 앙다물고 거세게 따졌다.

"내 말 뜻이 뭔지 알 텐데."

"아냐, 진짜 난 네가 하는 말의 뜻을 모르겠다."

"이건 재앙이라고."

나는 씨근덕댔다.

"올리비아는 지금 나를 이 곤경에서 구해주려고 저기 들어갔고, 우리 반 애들은 전부 날 이상하게 볼 거고, 렉시 에반스는 내 머리칼을 쓰다듬으려고 덤빌 거야."

앰프는 잠시 생각하는 것 같았다.

"네 말이 맞다. 충동 마법은 조심해서 써야한다. 이제 다시는 쓰지 않겠다."

나는 안도의 숨을 내쉬었다. 하지만 나의 문제가 해결된 것은 아니었다. 조금 있으면 난 교장실로 불려 들어갈 거고, 엄청나게 혼날 것이다. 교장 선생님이 갑자기 천사처럼 변하지 않는다면 말이다.

그때 좋은 생각이 번쩍 떠올랐다. 나는 자세를 고쳐 앉으며 말했다.

"친구, 너의 마술을 한 번만 더 사용하자. 지금 내 코가 석 자거든."

"잠깐, 코는 알겠는데 어떻게 석자나 되나?"

"속담이야."

"속담?"

"비유로 말하는 것."

"난 지구인의 말을 몇 년 동안이나 배웠다. 모든 언어를 다 익혔다. 그런데 코가 석자나 된다는 말은 들어본 적이 없다. 석자면 90cm인데, 그럼 정말 이상해 보일 거다. 위험하기도 하고. 콧물이 나오면 어떻게 닦지? 네가 진짜 곤경에 빠져 있구나."

"내 말 좀 들어 봐."

나는 심호흡을 하면서 말했다.

"너의 마술인지 충동인지를 써서 룬츠 교장 선생님을 천사처럼 바꾸는 거야. 교장 선생님이 아빠한테 전화하면 난 할아버지로 늙어 죽을 때까지 외출 금지를 당한단 말야."

"그건 끔찍한 일이다."

"그러니까 마음을 바꾸는 마술을 교장 선생님께 사용하라고. 아까 마틴 선생님처럼 교장 선생님도 날 좋은 애라고 생각하시게 말야."

"아까 넌 내 마술 때문에 모든 게 엉망이 되었다고 했다. 그걸 사용한 것은 내 잘못이었다. 다시는 사용하지 않기로 했다."

"앰프, 난 지금 정말 궁지에 몰렸다고! 부탁이야."

앰프는 곤란한 표정으로 대꾸했다.

"나는 아직도 코가 석 자면 어떻게 될까 생각하는 중이다."

나는 끙 신음했다.

"알아, 나도 안다고. 그 충동 마술을 다시는 사용하지 말라고 내가 그랬어. 근데 이번 한번만 봐주라."

앰프는 시선을 멀리 두고 고민하더니 말했다.

"이 문제에 관해 깊이 생각해 보고, 내일 대답해 주겠다."

"내일? 농담하냐? 나는 지금 당장 불려 갈 거라고."

그때 교장실 문이 딸깍 열리면서 올리비아의 목소리가 들렸다.

"우리 함께 얘기해 볼까?"

나는 앰프가 내 눈을 바로 볼 수 있도록 들어올렸다.

"넌 우주에서 가장 답답한 외계인이야."

나는 앰프를 가방에 쑤셔 넣고는 교장실로 들어갔다.

12
못 말리는 올리비아

"올리비아가 방금 네가 몽유병이라고 얘기해 줬단다."

룬츠 교장 선생님은 마치 나무젓가락으로 집어 올린 파리 보듯 나를 돋보기안경 너머로 측은하게 바라보았다.

"잠결에 걸어 다니는 몽유병은 부끄러울 게 없는 병이야."

올리비아가 덧붙였다.

"몽유… 뭐?"

나는 놀라서 룬츠 교장 선생님 앞에 놓인 빈 의자에 털썩 주저앉았다. 올리비아는 내 옆에 앉았다.

룬츠 교장은 올리비아의 말이 옳다며 조금 능글맞은 미소를 지었다.

"네가 한밤중에 사각팬티 차림으로 동네를 배회하고 돌아다닌 것도 나는 이해한단다."

"민망한 차림이요."

올리비아가 교장 선생님의 말을 고쳐주었다.

"뭐?"

나는 꽥 소리를 지르며 올리비아를 째려봤다.

"그건 아니고요…. 그런데 배회란 말은 무슨 뜻이에요?"

"괜찮아. 부모님이 네가 약물 치료를 받도록 해 주실 거야."

약물치료라고? 나는 올리비아를 쏘아보며 눈썹을 치켜 올렸다. 올리비아는 자신감 넘치는 미소를 내게 보냈다.

교장 선생님은 앞으로 몸을 기울여 안경 너머로 나를 뚫어지게 보았다.

"그럼 이제 이걸로 네가 마틴 선생님을 짝사랑해서 생긴 사건은 마무리짓도록 하겠다. 그런 병에는 약도 없어서 좀 걱정이 되긴 하는구나."

"네? 뭐라고요? 무슨?"

나는 교장 선생님이 방금 하신 말을 이해하지 못해 되물었다.

나는 올리비아를 보며 고개를 내저었다.

"너 대체 뭐라고 말한…."

올리비아를 쏘아보았지만 올리비아는 모른 척 넘겼다.

"잭, 때때로 우리는 스스로 이해할 수 없는 감정을 가지기도 한단다."

룬츠 교장 선생님은 연필 끝으로 자신의 코를 톡톡 두드렸다. 나는 단호하게 말했다.

"아뇨! 저는 그런 감정 같은 걸 가지고 있지 않습니다."

룬츠 교장은 양손으로 내게 진정하라는 손짓을 했다.

"아무리 감정이 강렬하다 해도 우리는 조심하며 적절하게 행동해야 해요."

나는 머리를 흔들었다.

"죄송하지만 제겐 그런 감정이 없…."

그때 올리비아가 내 팔을 움켜잡았다.

"교장 선생님 말씀은 네가 비록 대단히 심각한 풋사랑에 빠졌지만, 수업 시간에 부적절하게 행동해서는 안 된다는 뜻이야."

"바로 그거야."

교장 선생님은 연필로 올리비아를 가리키며 큰 소리로 말했다.

"풋사랑?"

나는 신음 소리를 내며 미치겠다는 눈으로 올리비아를 바라봤다.

"너 정말?"

"아무 것도 부끄러워할 게 없어."

교장 선생님은 나를 보고 껄껄대며 웃었다.

"맞아요. 잭, 그건 세상에서 가장 자연스러운 감정이란다."

올리비아는 이해한다는 듯 내 팔을 톡톡 두드렸다.

"감정은 금방 지나갈 거야. 아마, 며칠만 지나면 사라질 걸."

룬츠 교장은 뭔가 극적인 표현을 하려고 손을 크게 휘저으며 말했다.

"절대 부끄러운 감정이 아니지!"

"저는 아무 것도 부끄럽게 생각하지 않습니다."

나는 또박또박 말을 이었다.

"어떤 것이든. 심지어…."

"어찌 되었든 수업에 방해되는 행동은 하지 말아야 해요."

룬츠 교장 선생님은 내 말을 자르며 안경 너머로 나를 뚫어지게 바라보았다. 졌다. 나는 기어들어가는 목소리로 대답하고 말았다.

"네, 알겠습니다."

"아주 좋아요! 잭은 올리비아 같은 친구가 있어서 행운이에요. 올리비아는 참 영리한 학생이에요. 모든 것을 내게 설명해 주었어요. 하지만 내가 아직 염려하는 것은 속옷차림으로 잠자면서 걸어 다니는 일이에요."

"민망한 차림으로요."

올리비아가 다시 말을 고쳤다.

"그래요, 민망한 차림으로."

교장 선생님은 동의한다는 듯 고개를 끄덕였다.

믿을 수가 없었다.

"위험할 수 있지요."

교장 선생님은 슬쩍 웃더니, 인터폰의 버튼을 누르며 말을 이었다.

"그래시 스티니 선생님에게 잭의 어머님께 전화하라고 할 거예요. 이 상황을 어머님께 알리고 좋은 방법을 구하라고 말씀드릴 거예요."

올리비아가 벌떡 일어났다 앉았다. 당황한 눈빛으로 나를 쳐다보았다.

"교장 선생님, 그럴 필요까지는 없다고 생각합니다."

"교장 선생님, 저는……."

내가 말하려는 순간에 인터폰에서 스터니 선생님의 목소리가 흘러나왔다.

"네, 교장 선생님. 무슨 일이시죠?"

그 순간, 이상한 일이 일어났다. 교장 선생님이 뭔가 말하려고 입을 벌렸지만 얼어붙은 것처럼 가만히 있었다.

올리비아와 나는 어리둥절하며 서로 쳐다보았다.

"교장 선생님, 말씀하세요?"

스터니 선생님의 목소리가 인터폰 너머에서 들렸다. 그제야 교장 선생님은 얼었다가 풀린 듯 말했다. 순간적으로 일어난 일이라 알아채지 못하는 것 같았다.

"미스 스터니, 맛있는 바나나 수플레가 먹고 싶네요. 호두를 넣은 것으로. 알록달록하고 달콤한 장식들이 올려진 것이면 좋겠어

요."

올리비아와 나는 너무 놀라 숨이 멎는 것 같았다.

앰프!

"그 조그만 장식들을 뭐라고 부르지?"

교장 선생님이 우리에게 물었다.

"아, 스프링클 말씀하시는 건가요?"

얼떨떨해진 나는 말이 제대로 나오지 않았다.

"맞아요, 스프링클!"

교장 선생님이 소리쳤다.

"스터니 선생, 알았죠?"

인터폰의 스피커에서는 아무 소리도 나지 않았다. 스터니 선생님은 이 이상한 요청을 이해하려 애쓰는 것 같았다.

"바나나 수플레 말씀하시 거지요? 음, 교장 선생님, 점심으로 드실 메뉴는 이미 여기 가져다 뒀습니다. 만약 바나나 수플레도 드시고 싶다면, 다시 식당에 가야 하겠지만…, 빨리 다녀오겠습니다. 그거 하나를 위해… 진짜 드시고 싶다면요."

"호두 넣은 것으로요."

룬츠 교장 선생님이 덧붙였다.

"네, 알겠습니다."

스터니 선생님은 못마땅하다는 말투였다. 스터니 선생님은 완전 짜증이 난 것 같았다. 하지만 룬츠 교장 선생님은 여름방

학을 맞이한 아이처럼 행복해 보였다. 교장 선생님은 스터니 선생님께 고맙다는 인사조차 하지 않고 통화를 끝냈다.

"달고 맛나고맛있고맛있는 것!"

교장 선생님은 방정맞게 손뼉까지 치며 낄낄거렸다.

"좋아요, 너희 둘은 이제 교실로 돌아가도록."

교장 선생님은 노란색 종이에 뭔가 휘갈겨 쓰고는 두 장의 수업 지각 확인서를 찢어버렸다.

나는 자리에서 일어서며 올리비아를 쳐다봤다. 올리비아는 일어나지 않고 룬츠 교장 선생님과 찢어진 수업 지각 확인서를 번갈아 보고 있었다.

"올리비아."

나는 올리비아의 손목을 잡고 교장실 밖으로 끌고 나왔다. 나는 뒤도 돌아보지 않고 문을 닫았다.

"방금 바나나 수플레 사건, 네가 그런 거야?"

올리비아가 물었다. 나는 어깨만 으쓱했다.

"잭, 지금 무슨 일이 일어나고 있는지 말해. 그렇지 않으면 FBI에 전화할 거야!"

"알았어, 얘기할게."

나는 주변을 둘러보며 말했다.

"여기서는 말할 수 없어. 따라와!"

비밀 공개

우리는 학교 물품 보관 창고로 들어갔다. 나는 할 말을 잃고 잠시 서 있었다. 어제까지만 해도 나는 4학년이 되면 어떤 걸 할지 많은 생각을 했다. 그런데 지금은 행성 간의 전쟁에 관한 고민에 빠져 있다. 더구나 썩은 우유 장난이나 치는 성가신 파란 외계인과 함께 다니며 문제를 해결해야 한다.

이럴 수가! 단 하루 사이에 나를 둘러싼 세상이 이렇게 달라질 수 있다니!

올리비아가 팔짱을 끼고 나를 뚫어져라 보았다. 올리비아는 나의 설명을 기다리고 있었다. 나는 머릿속이 뒤죽박죽이라 어디서부터 어떻게 말해야 할지 몰랐다.

"빨리 말하는 게 좋을 거야."

올리비아는 앙다문 입술 사이로 말을 뱉었다.

나는 올리비아에게 한대 맞기 전에 말하기로 했다.

"내가 아까 말한 파란색 생명체 기억하지?"

"아, 진짜!"

올리비아는 화가 치솟아 폭발하는 듯했다.

"그 얘길 또 하는 거야? 난 말이야, 네 상상 속의 슬픈 삼촌 얘기를 듣고 싶은 게 아냐."

"내 삼촌 얘기가 아니야!"

나도 지지 않고 말했다. 올리비아는 한풀 꺾인 목소리로 물었다.

"그럼, 대체 누구 얘기를 하는 거야?"

나는 커다란 흰 양철통 위에 털썩 주저앉았다. 다른 양철통 위에 책가방을 놓으며 앰프도 우리 얘기를 들을 거라고 생각했다.

"잭, 알아듣게 말을 해."

그때 책가방에서 소리가 들려왔다.

"그만 해!"

갑자기 책가방이 말을 하자 올리비아는 기절할 듯이 놀랐다. 얼마나 놀랐는지 비명을 지르며 비틀거리더니 바퀴 달린 걸레통 위로 콰당탕 넘어졌다. 넘어지면서 선반에 부딪혔고, 선반이 흔들리면서 그 위에 쌓아둔 화장지들이 올리비아 위로 와르르 쏟아졌다.

"악!"

올리비아는 비명을 질렀다.

"올리비아!"

나는 급히 달려가, 올리비아를 뒤덮은 화장지들을 치웠다.

"네 가방에 뭐, 뭐가 있는 거야?"

올리비아가 더듬거리며 물었다.

나는 고개를 끄덕이며 말했다.

"내가 아까 말했지? 작다고. 널 해치지는 않을 거야, 내 친구니까. 외계인이지만 좋은 친구야. 그리고 우주선을 고칠 수 있도록 도와줘야 해. 알겠어?"

올리비아가 날 빤히 올려보며 투덜댔다.

"한 번에 이해하기엔 너무 많은 정보라고 생각하지 않아?"

나는 올리비아의 손을 잡아 일으켰다.

앰프가 어느새 책가방에서 나와 우리 앞에 조용히 서 있었다. 앰프는 손을 흔들며 친절한 웃음을 억지로 지어 보였다. 배 속에 가스가 가득찬 사람처럼 불편한 얼굴이었다.

"얘가 오늘 아침에 네 방에서 본 대머리 스머프니?"

올리비아가 떨리는 목소리로 속삭였다.

"위험해?"

"엄청 귀찮기는 해도 그렇게 위험하지는 않아."

내가 대꾸했다.

"확실해?"

올리비아가 다시 물었다.

"이상해 보이는데?"

"괜찮아, 고양이 징키가 잡아먹으려 했고, 나도 두 번이나 밟을 뻔했지만."

앰프가 끼어들었다.

"너희들 지금 얘기하는 거 다 들리는 거 알지?"

올리비아는 앰프의 말에 아랑곳하지 않고 계속 말했다.

"쟤 목소리가 웃긴 것 같아."

나는 올리비아의 말에 맞장구를 쳤다.

"그치, 재미있지?"

올리비아는 앰프에게서 눈을 떼지 않고 물었다.

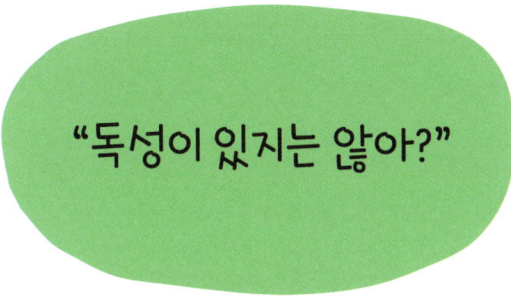

"독성?"

나는 웃으며 대답했다.

"그런 거 없어."

"어떻게 알아?"

그녀가 다시 물었다.

"나 지금 살아 있잖아. 내가 죽었어?"

"잭, 할아버지와 함께 〈우주 전쟁〉이라는 옛날 영화를 본 적이 있어. 지구에 온 외계인들 얘긴데, 그 외계인들은 박테리아 때문에 다 죽었어."

"얘는 괜찮아!"

나는 자신 있게 말했다.

"완전 건강하거든!"

"이 외계인을 얘기하는 게 아니고!"

올리비아는 내 어깨를 잡고 눈을 동그랗게 뜨며 말했다.

"우주에서 이상한 걸 묻혀서 올 수도 있잖아. 살인 세균이나 바이러스 또는 곰팡이 같은 것들!"

"앰프에게 곰팡이 냄새는 안 나. 그러니 안심해."

"올리비아 입장에서는 걱정할만한 일이다."

앰프가 우리 둘의 주의를 끌려는지 손을 크게 흔들며 끼어들었다.

"올리비아는 너희 지구인들의 언어로 말하면 '예리한 쿠키' 같구나. 나는 '쿠키'가 어떻게 '예리한'지 이해하지 못했는데 이제 알겠다. 올리비아가 느끼는 공포는 예리하고 논리적이라고 생각한다."

"잠깐, 앰프 너 곰팡이 균을 묻혀온 거야?"

내가 물었다.

"나는 너희 둘과는 다르다."

앰프는 우리를 안심시켰다.

"나는 내 몸에 다른 유기체를 묻히고 다니지 않는다. 단세포든 다른 어떤 것이든. 전혀 다른 생명 작용을 하니까."

앰프는 자신의 손목에 대고 속삭였다.

위원회 노트

세균이란 미생물이다.
정말로 작은 생물을 말한다.
분명, 그 중 일부는 인간을 아프게
만들 수 있다.
더 많은 연구가
뒷받침되어야 한다.

"그게 대체 뭐야?"

올리비아가 물었다.

"아, 앰프는 우리에 대해 연구하고 있어. 그의 행성이 지구를 침공할 계획이거든."

"뭐?!"

올리비아가 놀라 소리쳤다.

"그럼 대통령에게 전화했어야지. 아니, 군부대? 아니 킬러들에게!"

"진정해."

내가 말했다.

"앰프는 정찰대원이야. 이곳 상황을 확인하러 온 거야. 앰프는 지구 침략이 나쁜 생각이라는 걸 깨달았어. 그래서 서둘러 돌아가 모든 계획을 중지시키려고 해. 그렇게 하려면 우리가 앰프를 도와야만 해."

올리비아는 곰곰이 생각하는 듯했다.

"이런 얘기 나한테 처음 하는 거지?"

올리비아 목소리에 걱정이 가득했다.

"당연하지! 앰프는 내 친구야, 올리비아."

내가 말했다.

"만약에 다른 사람들에게 알려지면 큰 혼란에 빠질 거야."

"이미 혼란스러워졌어."

올리비아가 내 어깨를 흔들며 말했다.

"잭, 잘 생각해 봐. 저건 외계인이야. 너는 영화도 안 봐? 이런 방식의 전개는 항상 결말이 안 좋다니까!"

"올리비아, 나는 공격을 취소하기 위해 돌아가야 한다."

앰프가 설명했다.

"빠르면 빠를수록 좋다. 사실 가장 이상적인 시간은 오늘 오후 4시 40분 전에 돌아가는 것이다."

"뭐?"

나도 모르게 고함을 쳤다.

"그럼 몇 시간 밖에 안 남았잖아!"

"그래서 너희 집에서 기다리고 있을 수 없었다. 우주선 발사를 위해 고성능 자석이 필요하다. 아니면 다른 어떤 해결 방법이라도 찾아야 한다. 내가 늦지 않게 엘드로 돌아가려면 말이다."

올리비아가 끼어들었다.

"경찰이 이 이야기를 믿어줄 때까지 우리가 이 파란 꼬마한테 굽신거려야 한단 말이지?"

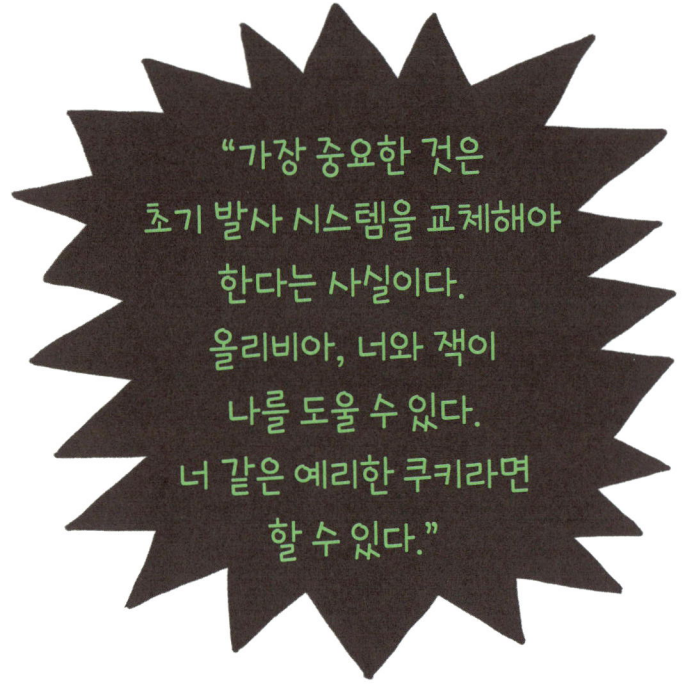

"가장 중요한 것은 초기 발사 시스템을 교체해야 한다는 사실이다. 올리비아, 너와 잭이 나를 도울 수 있다. 너 같은 예리한 쿠키라면 할 수 있다."

내가 앰프에게 물었다.

"그래? 그럼 나는 어떤 쿠키야?"

"미안하지만 난 사실 이 행성에서 쓰는 '쿠키'의 의미를 명확하게는 모른다."

앰프가 말을 돌렸다.

"나는 적응하려고 노력하고 있다. 내가 필요한 것은 초기 발사 시스템이다. 너희들이 확실하게 도울 수 있지?"

올리비아가 어깨를 으쓱 하며 대꾸했다.

"초기 발사 어쩌고저쩌고가 뭔지 나는 도통 모르겠다. 그러니 도울 수 없어."

"먼저 내 우주선을 이 행성에서 높이 쏘아 올려야 한다. 그래야 공중에서 제2기 추진 장치를 가동시킬 수 있다."

"트램펄린은 어떨까?"

내가 제안을 했다.

"아니면 우리가 그냥 던질 수도 있잖아."

앰프가 끙 신음소리를 냈다.

"이건 종이비행기가 아니다, 잭."

"난 그저 아무 말이나 지껄여본 거야, 앰프. 실없는 소리를 하다 보면 가끔 좋은 아이디어도 나온다고."

"그래서 방금 아이디어 두 개를 떠올린 것이로군."

바로 그때 수업 시작 종소리가 울렸다. 앰프는 즉각 내 책가방 주머니 속으로 뛰어 들었다. 나는 혀를 끌끌 차며 올리비아에게 말했다.

"이것 봐, 고작 저 멍청한 종소리도 무서워하잖아."

올리비아가 한가지를 제안했다.

"좋아, 그럼 이건 어떨까? 방과 후에 과학 실험실에 몰래 들어가는 거야."

나는 책가방을 집어 들고 앰프가 들어가 있는 주머니 지퍼를 조심스럽게 닫았다.

"우주선 발사가 얼마나 어려운 일인데…. 거기에 우리가 쓸 만한 게 있을까?"

우리는 학교 물품 보관 창고에서 나와 혼란스러운 표정으로 체육관으로 향했다. 다음 시간은 체육 수업이었다.

올리비아가 한숨을 쉬었다.

"솔직히, 체육 시간에 어떻게 줄넘기에 집중할 수 있겠어? 몇 시간 후면 외계인이 침공할 것이고, 지금 우린 그걸 막을 궁리를 해야 하는데 말이야."

나는 올리비아의 말에 아주 많이 공감했다.

14
우주선 고치는 방법

올리비아와 나는 수업이 끝나자마자 학교 장비를 보관하는 창고 안에 몰래 숨어 들어갔다. 거기엔 온갖 물건들이 다 있었다. 흠집 난 공들, 야구 방망이, 줄넘기, 그물, 훌라후프, 그리고 도로공사 할 때 쓰이는 온갖 종류의 오렌지색 플라스틱 고깔 등, 지질구레한 물건들에 둘러싸여 습기에 딱 좋았다.

우리는 창고 바닥에 쪼그리고 앉아 앰프가 하는 말을 주의 깊게 들었다.

"텅스텐은 없지만 자석은 있다. 자석도 우리에게 필요하다."

"잠깐, 텅스텐이 뭐야?"

올리비아가 물었다.

"그건 열에 견딜 수 있는 특수한 고밀도 금속이야."

내가 대신 설명했다. 올리비아가 놀란 눈으로 날 쳐다보았다. 나는 희귀 금속에 대한 지식이 전혀 없었다. 그런 게 과학과 관련이 있다는 사실조차 몰랐다.

나는 우쭐한 마음으로 말을 이었다.

"과학 실험실에 텅스텐은 없어. 그렇지만 자석은 있어. 앰프의 우주선을 고칠 때 필요한 거야."

"텅스텐 없이 해야겠다."

앰프가 말했다.

"텅스텐이 없으면 우주 항해가 훨씬 위험해지겠지만, 그것 없이 갈 수는 있다."

올리비아가 고개를 갸웃하며 물었다.

"네게 필요한 자석이 우리에게 있다는 건 어떻게 알았어?"

내가 앰프 대신 대답했다.

"오늘 아침에 교실에서 소동이 났을 때 와서 확인했어."

나는 앰프에게 다그쳐 물었다.

"네가 일으킨 소동이었지?"

앰프는 미안한 듯 머리를 긁적긁적댔다.

"미안하다. 어쩔 수 없었다."

올리비아가 새로운 것을 발견한 듯 불쑥 말했다.

"넌 손가락이 세 개뿐이네."

앰프는 자신의 작은 손을 바라보았다.

"그렇다."

앰프는 별거 아니라는 듯이 말했다.

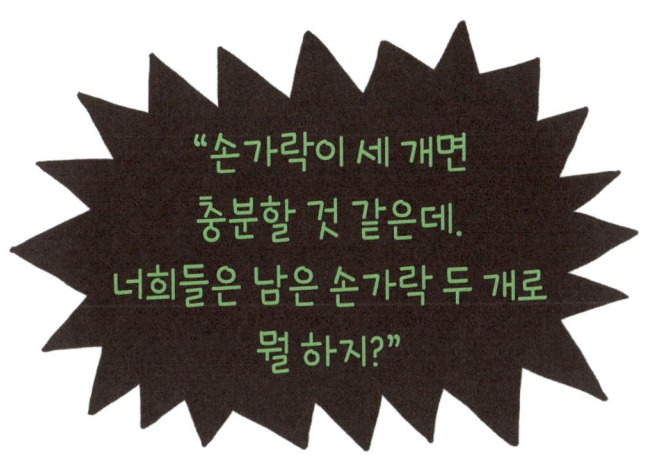

"손가락이 세 개면 충분할 것 같은데. 너희들은 남은 손가락 두 개로 뭘 하지?"

이제는 우리 손을 바라볼 차례가 되었다. 다른 손가락을 '남은'이라고 말하는 것은 좀 이상하게 들렸다.

올리비아가 앰프를 쳐다보며 물었다.

"어제 지구에 왔다면서 어떻게 우리말을 그렇게 잘 해?"

"나도 그게 진짜 궁금해."

내가 끼어들었다.

"물어볼만한 질문이다. 엘드인들은 언어에 능숙하다. 나는 지구의 모든 언어를 다 배웠다. 너희들 언어는 복잡하기는 해도 이해하기가 어렵지는 않다. 하지만 아직도 배울 것들은 많다."

앰프는 할 말이 많은지 계속 말을 이었다.

"우리는 먼 태양계에 있는 다른 많은 생명체들의 언어를 배웠다. 어떤 언어는 단순한 화학 반응에 불과한 것도 있었다. 우리가 배운 언어 중 하나는 너희들의 언어보다 이백 배나 복잡한 것

이었다."

"잠깐만."

나는 앰프의 말을 가로막으며 물었다.

"무슨 소리야, 앰프? 지금 다른 행성의 사람들을 만났다고 말한 거니?"

"흐음, 나는 그들을 사람이라고 하지는 않을 것이다."

앰프는 무심한 표정으로 말했다.

"그냥 생명체라고 하자. 실제로 너희들 행성에 사는 선인장과 비슷한 생명체도 있었다. 당연히 그들에 대해서는 얘기할 게 별로 없다. 어떤 행성에서는 지구 크기만한 '비 탄소 기반 생명체'가 있었다. 너희들은 그들을 눈여겨봐야 한다. 그들은 크고, 끈적이는 점액질의 물방울 모양을 하고 있지만 친절하다. 친해지면 말이다. 그러나 그들이 문장 하나를 완전하게 다 말하기까지 기다리려면 지구 시간으로 아마 1년은 걸릴 것이다. 솔직히 나는 그렇게 기다릴 인내심이 없었다."

"우주에 생명체가
우리만 있는 게 아니었어."
나는 조금 무서웠다.
올리비아도 무서운지 눈동자가
흔들렸다.

나는 헛기침을 하며 말을 돌렸다.
"지금 복도가 아주 조용해. 후그 아저씨가 청소하러 들어오기 전에 빨리 실험실로 가자."
"저기 잠깐만."
올리비아가 우리를 막아섰다.
"이게 옳은 일인지 모르겠어. 과학 실험실에서든 우주선에서든 물건을 훔치는 게 옳은 일일까? 도둑질은 좋지 않아."
나는 올리비아를 설득하기 위해 조근조근 설명했다.
"낡은 실험용 자석을 훔치느냐, 아님 지구가 손가락이 세 개밖에 없는 파란 외계인 군대한테 공격 당하게 두느냐, 어떤 게 더 나쁜 일일까? 이건 더 생각할 필요도 없을 것 같은데."

올리비아가 뾰로통하게 대답했다.

"그냥 해본 말이야."

"실험실에는 자석이 많다."

앰프가 말했다.

"그런데 내가 관심을 갖는 것은 한 종류다. 네오디뮴과 철, 붕소로 이루어진 것이다. 그 원소들은 모두 과학 실험실 벽에 붙은 주기율표에 있었다, 잭."

"나도 기억해."

나는 고개를 끄덕이며 대꾸했다. 앰프는 서툰 교수처럼 말을 이었다.

"네오디뮴 자석은 매우 강한 자기장을 가지고 있다. 자기장이 너무 강해서 위험할 수는 있지만, 실험실에 있는 것들은 아주 작기 때문에 우리가 쓰기엔 아주 안전하고 완벽하다."

"그렇다고 학교에서 그것들을 그냥 훔칠 수는 없어."

올리비아가 말했다.

"우리 것이 아니잖아. 학교 거야."

앰프가 고개를 끄덕였다.

"우주선의 몇 가지 장비를 재설정하기 위해서 필요하다. 우주선을 발사시킬 때 필요한 것들이니까, 20분만 쓰면 된다. 훔치지는 않는다. 그냥 주인한테 물어보지 않고 빌리는 거다. 내일이면 다시 돌려 줄 수 있다."

"좋아, 그럼 나도 돕겠어."

올리비아가 말했다.

"그런데 만약 잡히기라도 하면 우린 완전 새 되는 거야."

"그게 무슨 뜻인지 통 모르겠구나."

앰프가 묻자 올리비아가 내 표정을 살피며 대꾸했다.

"우리가 걱정하는 것도 바로 그거야. 모르는 일들이 계속 일어나고 있다는 거."

15
실험실 대폭발

마치 별들이 줄지어 서 있는 것처럼 보였다.
모든 행성들도.
그리고 소행성도 몇 개 줄지어 있었다.

모든 것이 계획대로 진행되었다. 학교의 중앙 복도는 텅 비어 으스스했다. 후그 아저씨는 어디에도 보이지 않았다. 선생님들도 돌아다니지 않았다. 방과 후에 엄마나 아빠가 오길 기다리며 여기저기서 빈둥거리던 아이들조차 없었다. 우리는 남의 눈에 띄지 않고 완벽하게 연구실에 도착할 수 있었다.

나는 실험실의 작은 창문으로 안을 들여다보았다. 실험실 안은 어둡고 조용하고 텅 비어 있었다. 심호흡을 한 다음 문손잡이를 조심스럽게 잡고 돌렸다. 문은 열려 있었다.

"너무 쉽네"

난 불을 켜면 절대 안 된다는 사실을 되뇌며 조심조심 걸었다.

올리비아가 앰프에게 말을 건넸다.

"드디어 들어왔어, 꼬마 친구."

앰프는 내 어깨에 매달린 책가방 밖으로 나와 있었다. 앰프가 내 등 뒤에서 말했다.

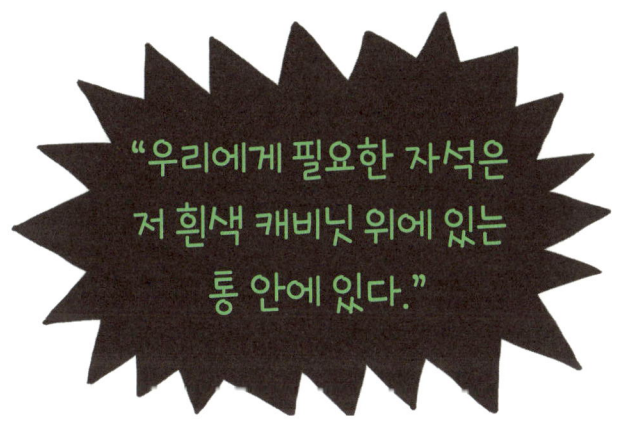

"우리에게 필요한 자석은 저 흰색 캐비닛 위에 있는 통 안에 있다."

나는 흰색 캐비닛을 올려다 보았다. 자석, 배터리, 마블, 도미노라고 써진 플라스틱 통이 보였다.

"헉, 너무 높아."

올리비아가 주위를 둘러보며 혀를 찼다.

"로봇 동아리가 여기서 파티를 했군, 틀림없어."

탁자 위에 '로봇 부품'이라고 적힌 상자가 놓여 있었다. 그 옆에는 절반 정도 조립된 로봇이 몇 개 뒹굴었다. 먹다 남은 과자와 치즈볼 과자 그릇, 초콜릿 담은 접시, 2리터 탄산 음료수 병과 컵들도 탁자 위 여기저기에 흩어져 있었다.

올리비아가 고개를 절레절레 흔들며 잔소리를 늘어놓았다.

"네 동생도 로봇 동아리 아냐? 네 동생이랑 친구들, 로봇 좋아하는 괴물들은 진짜 게으름뱅이들이구나."

나는 등받이 없는 의자를 캐비닛까지 끌고 갔다. 의자가 바닥에 끌리면서 끼익 하고 시끄러운 소리를 냈다.

초콜릿을 공중에 던져 입으로 받아먹던 올리비아가 깜짝 놀라며 말했다.

"잭! 폭죽을 터트리지는 않을 거지? 우리는 들키지 말아야 한다고."

"미안, 미안, 미안."

나는 캐비닛 앞에 있는 탁자 위에 책가방을 올려놓으며 말을 이었다.

"하지만 올리비아, 이제 우리가 지구를 구할 수 있는 시간은 딱 한 시간밖에 남지 않았어. 앰프의… 친구들로부터 지구를 구할 시간 말이야."

나는 끙끙대며 의자에 올라갔다. 의자 위에 올라서니 자석 통을 잡을 수 있었다. 자석 통은 무거워 보였다. 나는 자석 통

을 있는 힘을 다해 잡아당겼다. 그런데 불행히도 그 자석 통은 내 예상만큼 무겁지 않았다. 가벼웠다. 나는 중심을 잃고 휘청거리다가 자석 통을 떨어뜨렸다.

"앰프! 조심해!"

내가 소리를 질렀다.

자석 통은 실험실 탁자 위에 떨어지며 끔찍한 소리를 냈다. 하마터면 자석 꺼내는 것을 보려고 밖에 나와 있던 앰프를 납작하게 깔아뭉갤 뻔했다.

통은 두 쪽으로 쫙 갈라졌다. 자석과 배터리, 마블과 도미노 들이 마치 쏘아올린 로켓처럼 사방으로 날았다. 자석 통에 맞은 플라스틱 음료수 병들이 튕겨 탁자 위 여기저기로 굴러갔다. 먹다 남은 과자들과 치즈볼도 공중으로 날아올라 흩어졌다. 마치 폭발이 일어난 것 같았다. 나는 눈을 동그랗게 뜨고 음료수 병 세 개가 데굴데굴 굴러가는 것을 멍하니 바라봤다.

"잭!"

올리비아의 비명 소리가 들렸다.

구르고 튕겨지며 마구 흔들린 음료수 병에서 탄산 음료가 뿜어져 나왔다. 화산이 폭발하여 용암이 흘러나오는 것 같았다. 로봇 동아리의 게으름뱅이들이 귀찮아 병뚜껑을 제대로 닫지 않은 탓이었다. 포도 음료수 병이 피융 소리를 내며 빙그르르 돌더니, 놀라 새파래진 올리비아에게 보라색 음료수를 흩뿌렸다

다. 올리비아의 옷이 음료 범벅이 되었다.

생강 음료수 병도 쉬익 소리를 내며 날더니 실험실 한쪽에 세워둔 해골 모형인 스킵의 민망한 부위에 가서 꽂혔다. 그 충격으로 스킵의 몸이 휘청하더니 오싹한 일이 벌어졌다. 스킵의 목이 똑 부러진 것이다. 모형 설치대에는 두개골만 달랑 남았다.

생강 음료수 병은 스킵의 참갈비뼈 안에 누워 여전히 쉭쉭 거품 소리를 냈다. 차츰 거품 소리가 잦아들자 방안은 으스스할 정도로 조용해졌다. 실험실은 치즈볼과 초콜릿 알갱이, 퀴퀴한 냄새를 풍기는 과자와 플라스틱 컵, 자석, 배터리, 마블, 도미노, 뼈 조각, 끈적이는 음료수와 빈 플라스틱 병으로 난장판이 되었다.

"정말 안타까운 일이다."

앰프가 나지막하게 말했다.

"대체 무슨 일이 벌어진 거지?"

올리비아도 얼이 빠져 중얼거렸다. 올리비아의 두 팔 아래로 보라색 물이 뚝뚝 떨어졌다. 아주 잠깐 동안이었지만 난 올리비아가 울고 있다고 생각했다. 포도 음료가 얼굴에 흘러내리고 있어서였다.

"나는 감옥에 가게 될 거야, 평생."

짜증이 머리끝까지 났다.

16
아슬아슬한 순간

올리비아가 침묵을 깨고 과학 실험실을 둘러보며 말했다.
"대단해!"
올리비아는 스킵한테 걸어갔다. 그리고 스킵의 참갈비뼈 안에 있는 병을 집어 들고 이리저리 살펴보았다.
"뚜껑이 터졌어. 그래서 음료수 병이 쉭쉭대며 날아다닌 거야."
"어떡하지, 올리비아?"
난 아직도 의자 위에 선 채 소리쳤다.
"우리가 스킵을 죽였어!"
올리비아는 해골의 텅 빈 눈알 속을 이리저리 들여다보며 말했다.
"스킵은 해골 모형이야. 아주 오래 전에 죽었다고."
그때 앰프가 다급히 말했다.

"잠깐, 후그 아저씨라는 사람이 오는 것 같다."

앰프의 목소리는 불안한 듯 살짝 흔들렸다.

"틀림없이 이 소동을 들었을 것이다."

"내 인생은 이제 끝장났어."

나는 나지막한 소리로 중얼거렸다.

"저쪽으로!"

앰프가 소리쳤다.

"탈출해야 한다!"

앰프는 실험실 뒤쪽 비상구를 가리켰다. 그 문은 놀이터로 연결되어 있었다.

"우리 여기 청소하고 가야 하는 것 아냐?"

쉬어버린 목소리로 내가 말하자, 올리비아가 낮은 소리로 대답했다.

"로봇 동아리 애들이 이렇게 엉망으로 만들었다고 생각할 거야. 게다가 우린 지금 그럴 시간이 없어. 잊었어?"

"우리 지문들은 어떡해?"

내가 얼굴을 찌푸리며 말했다.

"여기저기에 다 묻어 있을 거야."

"넌 TV를 너무 많이 봤어, 잭."

올리비아가 말했다.

"우리 지금 바로 나가야 한다!"

앰프가 우리에게 경고하듯 바닥에 떨어진 자석 하나를 집어 흔들어 보였다.

"알았어, 알았다고!"

나는 의자에서 내려가면서 불퉁하게 대꾸했다.

올리비아는 음료수 병 하나를 들더니 병뚜껑을 빼내 바닥에 내던졌다. 그러고는 검정색 고무마개들이 담겨 있는 통에서 음료수 병에 맞는 마개를 찾아냈다.

"짠, 갑자기 생각났는데, 앰프의 우주선을 발사할 때 이걸 사용할 수 있을 거 같아."

올리비아가 병을 흔들자 다시 거품이 일며 쉭 소리를 냈다.

"어떻게 생각해?"

나는 난장판이 된 실험실이 걱정될 뿐이었다.

"난 비행 청소년들이 가는 소년원에 들어가게 될 거야."

내가 투덜대자 올리비아가 핀잔을 놓았다.

"잭, 너 너무 오버하고 있어."

"얘들아! 빨리!"

앰프가 다급하게 소리 질렀다.

올리비아가 문 쪽으로 내달렸다. 나도 허겁지겁 뒤따라 나가다가 우뚝 멈춰 섰다.

"잠깐! 실험실 탁자 위에 책가방을 두고 왔어."

나는 몸을 홱 돌려 실험실 탁자로 달려갔다. 수백 개의 치즈

볼들이 발밑에서 바삭바삭 부서졌다. 나는 책가방을 움켜잡았다.

 그때 반대편 문에서 후그 아저씨가 열쇠를 꽂고 돌리는 소리가 들렸다. 나는 앰프를 번쩍 들어 책가방 주머니에 넣고는 순식간에 문 밖으로 뛰어나왔다. 올리비아의 뒤를 따라 학교 축구장을 가로질러 냅다 달렸다.

우리는 학교 후문에 있는 개구멍으로 겨우 몸을 비집어 빠져나갔다. 그리고 말라붙은 개울을 따라 계속 달렸다.

800미터 가까이 그렇게 달렸다. 진창이 된 밭을 가로지르고 나니 그제야 우리가 아는 동네 길이 나왔다.

올리비아가 멈춰 서서 숨을 몰아쉬며 말했다.

"계속 생각해봤는데 말이야."

"아, 지금은 말하지 마."

나는 두 손으로 무릎을 짚고 숨을 고르느라 헉헉댔다.

"아냐, 진지하게 말하는 거야."

올리비아는 음료수 병으로 나를 톡톡 건들며 말했다.

"만약 우리가 발포성 거품을 더 세게 나오게 한다면 말이야, 병이 공중으로 날아가겠지? 그런 방법으로 앰프의 우주선을 발사할 수 있지 않을까?"

"어떻게 발포성 거품을 아래로 뿜어 나오게 할 건데?"

"마개에 구멍을 뚫는 거야."

올리비아가 제안했다.

"그런 다음 음료수를 마구 흔들어 엄청난 거품을 만드는 거지."

잠시 생각해 보았다.

"앰프의 우주선을 쏘아 올릴 만큼 강력하지 않을 것 같은데. 아무리 우주선이 작고 가볍다고 해도, 그래도 우주선인데…."

우린 잠시 멈춰 서서 우주선을 쏘아 올릴 방법을 골똘히 생각해보았다. 난 아무것도 머리에 떠오르지 않았다. 올리비아도 잘 생각나지 않는 것 같았다.

"괜찮아, 결국 뭔가 떠올릴 거야."

올리비아가 어깨를 으쓱 하며 말했다.

"빠를수록 좋아."

말을 내뱉긴 했지만 사실 난 아무 생각도 나지 않았다.

"더 생각하는 동안 나는 마개에 구멍을 뚫을게."

올리비아가 자기 집으로 뛰어가며 말했다.

"10분 뒤에 뒤뜰에서 만나."

올리비아가 어깨 너머로 외쳤다.

"서둘러!"

당장 해결해야 할 문제가 급하다보니, 난장판이 된 실험실 따위는 잊고 있었다.

"지구를 구하기 위해 남은 시간은 정확히 45분!"

꼬마 과학자

 올리비아와 나는 앰프의 우주선을 쏘아 올릴 방법을 찾는 데에 온정신을 집중했다. 머리가 지끈지끈 쑤셨다.
 우리가 우주선 발사에 대해 관심을 갖고 고민하자, 앰프도 용기를 얻는 듯 보였다. 하지만 여전히 걱정 많고 혼란스러운 표정이었다.
 "너희의 실험을 이해할 수 없다. 초기 발사 시스템을 교체해야 한다. 내가 자석으로 할 수 있다."
 앰프는 벨트에서 작은 계산기 모양의 기계 장치를 꺼내 들고 숫자를 눌러댔다. 우주선 발사 시스템을 교체하는 데에 필요한 계산을 하는 것 같았다.
 앰프는 엘드 행성에 '위원회 노트'를 10개나 보냈다. 도대체 무슨 할 말이 그렇게 많은지 궁금했다. 나는 앰프 옆으로 슬금슬금 다가가 열 번째 위원회 노트를 슬쩍 엿들었다.

위원회 노트

추진력이란 운동을 일으킬 충분한 힘을 발생시키는 것을 의미한다. 중력이란 나를 땅에 붙들어주는 지구의 힘이다.

노력하긴 하겠지만, 이 실험에서 얻을 추진력이 중력을 이길 만큼 충분히 강하지 않을 수도 있다는 두려움이 있다. 만약 궤도에 오르지 못하면, 누군가에게 부탁해 내 집의 화초에 물을 주길 바란다.

앰프는 아무래도 나와 올리비아가 미덥지 않은 모양이다. 교실 바닥에서 주워온 자석을 이용해 우주선의 장치를 재설정하려고 애썼다. 하지만 뜻대로 되지 않는 것 같았다. 앰프는 욕처럼 들리는 엘드 말을 큰소리로 몇 차례 내뱉더니 성을 내며 집 안으로 들어가 버렸다.

잠시 후 앰프는 헬멧을 쓰고 다시 나타났다. 아까보다는 기분이 조금 좋아진 것 같았다.

앰프가 자석을 들고 이리저리 작업하는 동안, 나는 음료수 병에 대해 생각해보았다. 발포성 탄산 음료는 앰프의 우주선을 우주로 날려 보낼 만큼 강력하지 않다. 더욱이 구멍 뚫린 마개로 막으면 어떻게 음료수를 담을지가 문제다.

나는 올리비아를 기다렸다. 여러 가지 생각이 머릿속에서 춤을 추었다. 발사될 때까지 빨대로 병에 계속 공기를 넣어 줄까? 그럼 병 속에 압력이 가해져 음료수 병이 솟구쳐 날아갈 거야.

나는 앰프를 바라보았다. 앰프는 머리를 흔들었다.

"뭐?"

내가 물었다.

"계속 생각하고 있었다."

앰프는 초조한 듯 자신의 장비 벨트를 만지작거렸다.

빨대를 사용하는 건 좋은 생각이 아닌 것 같았다. 방안에서 풍선을 띄우는 데는 쓸모 있을지 몰라도 이건 우주선이다. 우주선 발사 때 필요한 힘, 추진력, 뭐가 뭔지는 모르지만 어쨌든 빨대로는 어림없어 보였다.

"이륙 준비 됐어?"

등 뒤에서 올리비아의 목소리가 들렸다. 올리비아가 울타리의 틈새로 얼굴을 쏙 내밀었다.

"이거 봐!"

올리비아는 내게 병을 건네주었다.

"구멍을 아주 작게 냈어."

나는 마개를 들여다보고는 음료수 병을 있는 힘껏 흔들었다.

"뭐하는 거니?"

올리비아가 물었다.

나는 재빨리 병을 뒤집어서 마개를 살펴보았다. 병 안에 있는 탄산음료는 거품이 많이 일었지만, 마개 구멍 밖으로는 음료 거품이 겨우 몇 방울만 빠져나왔다.

"봐, 이걸론 안 돼. 병 안에 공기를 넣어야 해. 1톤 정도 넣어야 할 걸. 난 빨대를 사용할 생각이었어."

올리비아가 고개를 가로저으며 말했다.

"빨대로는 절대 안 될 거야."

"나도 알아."

우리 둘 다 멈춰 서서 병을 뚫어져라 쳐다봤다. 앰프가 우리를 지켜보고 있었다.

올리비아가 앰프에게 다그쳤다.

"넌 도울 거니, 아님 그냥 보고만 있을 거니?"

앰프가 대꾸도 하지 않자, 올리비아가 다시 한번 불렀다.

"거기! 멋있는 모자 쓴 우주인!"

"이건 헬멧이다."

앰프가 기분이 상해서 대답했다.

올리비아가 앰프에게 손가락질 하며 말했다.

"그래? 넌, 거기 개집에 앉았으면 뼈다귀라도 하나 던져주든지 뭐라도 좀 도움되는 일을 해야 할거 아냐, 우주인? 너희 군인들이 나타나 전쟁을 일으키기 전에 말이야."

"전쟁은 안 된다. 남은 시간은 이제…"

앰프는 심란한 표정으로 말하다가 갑자기 뭔가를 떠올린 듯 계산기를 두드렸다.

"저 친구는 저래서 안된다니까! 지금 수학 공부할 시간이 어디 있다고 저래?"

올리비아는 포기한 듯 고개를 돌리며 중얼거렸다.

"이 병 안에 공기만 펌프질해서 넣을 수 있음 되는데…."

"잠깐!"

내가 소리를 질렀다.

"바로 그거야. 펌프! 내 자전거 펌프! 농구공에 바람 넣을 때 쓰던 바늘도 있어."

"그거면 될 거야."

올리비아가 말했다.

"가서 가져와, 짜아식! 이륙 30분 전. 지금 카운트 들어감."

나는 부리나케 달려 자전거 펌프를 가져왔다. 그리고 자전거 펌프의 바늘을 음료수 병 고무마개 안으로 깊숙이 찔러 넣었다. 나는 펌프질을 시작했다. 처음에는 공기가 충분히 들어가기도 전에 마개가 튀어나왔다. 나는 바늘을 뺀 다음 마개를 힘껏 안으로 밀어 넣었다. 바늘을 다시 찔러 넣고 올리비아와 번갈아 펌프질을 했다.

기포들이 탄산음료를 뚫고 위로 퐁퐁 올라왔다. 병은 점점 부풀더니 강철처럼 단단해졌다. 우리는 마당에 있는 나무탁자 위에 병을 올려놓았다. 나는 천천히 바늘을 잡아당겨 뺐다. 바늘을 뺐는데 아무 일도 일어나지 않았다.

"구멍으로 뭔가 나올 거라 생각했는데."

실망한 내가 중얼거렸다.

"마개를 빼내 볼까."

올리비아가 마개를 잡아당기며 말했다.

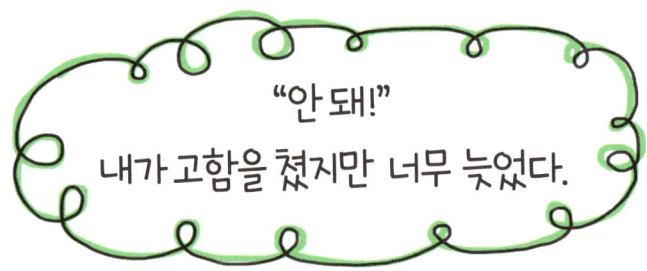

"안 돼!"
내가 고함을 쳤지만 너무 늦었다.

올리비아는 탄산수 거품을 왕창 뒤집어썼고, 탄산수 병은 나한테 곧장 날아왔다. 재빨리 피하는 바람에 간신히 맞지는 않았다.

병은 공중으로 1~2 미터 쯤 날더니 시멘트 바닥에 떨어지면서 쭉 미끄러졌다. 작은 레몬 나무 화분에 걸린 병은 그 자리서 뱅글뱅글 돌면서 푸쉬이잇 하며 사방에 탄산수를 뿌려댔다.

단 몇 초 사이에 벌어진 일이지만, 올리비아와 나는 수십억짜리 복권에 당첨된 사람들처럼 좋아서 경중경중 뛰었다. 어쨌든 병이 하늘로 치솟은 것이다. 우리는 앰프와 하이파이브를 했다. 아니 손가락이 세 개니 하이쓰리인가?

계속 기뻐하고만 있을 수는 없었다. 완벽한 성공은 아니기 때문이다. 우리는 마음을 재빨리 진정시켰다. 그리고 조용히 누워 있는 병을 바라보았다.

"대단했어. 그런데 탄산음료가 다 떨어졌어."

올리비아가 걱정스럽게 말했다.

"염려할 것 없어. 약간만 수정하면 돼."

나는 수도에 호스를 연결해 병에 물을 가득 채웠다.

"진짜 그걸로 될까?"

올리비아가 말했다.

"너희들 지금 뭘 하는지 잘 알고나 하는 건가?"

앰프가 끼어들었다.

"발사대에 오를 사람은 바로 나란 사실을 기억해야 한다."
"당연하지."
나는 확신에 찬 목소리로 말을 이었다.
"모두가 공기압 때문이었어."

병에 물을 거의 가득 채운 다음 공기를 주입했다. 압력이 높아지자 마개가 튀어나가면서 병이 치솟았다. 하지만 겨우 나무탁자 가장자리까지만 날아갔을 뿐이었다.

"경이롭군."

앰프는 한숨을 내쉬었다.

"이러면서 배우는 거야."

나는 피식 웃음이 나왔다. 과학은 실패를 반복하면서 수정해가는 과정이라고 선생님이 말했던 것이 생각났다. 정말 그 말이 맞았다.

"내 생각에는 방금 것은 발사하기에 너무 무거웠어."

나는 병에 물을 절반만 채우고 세운 다음 올리비아에게 두 손으로 꽉 잡게 했다. 그래야 펌프질이 더

편했다. 이번에는 병이 훨씬 더 높이 날아갔다. 병은 공중으로 거의 3미터 가까이 날아갔다. 그러나 무언가가 아직 확실히 부족했다.

　올리비아가 손뼉을 짝 치며 말했다.

　"좋은 생각이 떠올랐어."

　올리비아는 병에 물을 한 컵만 넣고 내게 붙잡게 한 다음 펌프질을 했다. 나는 병이 내 얼굴을 치지 않도록 고개를 기울였다. 병이 힘을 받아 튀어올랐다. 하지만 제대로 되지는 않았다. 병은 아까보다 더 낮게 날았다.

"물의 양은 3분의 1이
딱 맞을 것 같다,
올리비아."

　내가 과학자라도 되는 것처럼 진지하게 말하자, 올리비아도 아주 진지하게 대꾸했다.

　"알겠다, 꼬마 과학자. 하지만 여전히 몇 가지는 수정해야 한다. 더 서둘러야겠어. 지금 4시 15분은 되었을 거야."

　"맞아! 시간은 외계인의 침공을 기다려 주지 않으니까."

이제 15분 남았어

"이렇게 하면 우주선을 똑바로 쏘아 올릴 수 있을 거야. 우리도 안전하고 말이야."

올리비아가 나무망치로 네 번째 말뚝을 박으면서 말했다. 우주선 발사대가 만들어진 것이다. 우리는 음료수 병에 날개를 달기로 했다. 우주선이 똑바로 발사되기 위해서는 날개가 필요했다. 그건 내가 할 일이었다.

나는 골판지를 잘라 음료수 병의 양 옆에 조심스럽게 붙이면서 말했다.

"이건 진짜 굉장한 생각이야."

"지저분하기도 하고."

올리비아는 내가 테이프 붙이는 꼴이 못마땅한지 잔소리를 했다.

"한심하다, 잭. 그건 우주선 과학이라고 할 수 없어."

"그만 좀 해, 올리비아. 여기에 너도 테이프로 붙여 달까지 쏘아 올려 버릴까 보다."

나는 엄마가 아끼는 장미 덤불 근처에서 작은 시멘트 벽돌을 하나 집어와 잔디에 박은 네 개의 말뚝 안에 놓았다.

"발사대 완성!"

나는 자랑스럽게 말했다.

올리비아가 냉장고에서 탄산음료수를 가져왔다. 우리는 날개 달린 병에 탄산음료를 3분의 1이 될 때까지 천천히 부었다. 그런 다음 올리비아가 검은 색 고무마개를 힘껏 밀어 넣고, 내가 펌프바늘을 찔러 넣었다.

병을 조심스럽게 발사대에 올려놓고, 우리는 뒤로 물러섰다. 서로 고개를 끄덕이며 잠시 우리가 만든 작품을 감상했다.

"좋았어."

올리비아가 말하며 앰프를 돌아봤다.

"우주선을 가지러 가자."

"벌써?"

앰프가 뜻밖이라는 듯 말했다. 앰프의 몸 색깔이 조금 엷어진 듯했다. 앰프는 손가락을 잘근잘근 깨물었다.

"너 몸이 안 좋아 보여."

올리비아가 걱정했다.

"좀 긴장해서 그렇다."

앰프가 끼익거리는 음성으로 대답했다.

> "지금 4시 25분이야, 앰프.
> 15분 안에 너를 저 위로
> 쏘아 올려야 해."

내가 설명했다.

"얼마나 높이 올라갈까?"

앰프는 불안한 눈으로 하늘을 올려다보았다.

나는 어깨를 으쓱했다.

"잘 모르겠지만, 꽤 높이."

"우리 엘드에선 이런 식으로 하지 않는다."

앰프는 올리비아와 내가 생각해낸 방법이 마음에 들지 않나 보다. 나는 마음이 조금 상했다.

"이봐, 앰프. 이게 지구에 사는 아이 둘이 방과 후에 재빨리 해낼 수 있는 최선의 방법이야."

올리비아가 말을 보탰다.

"지금 아니면 절대 못 가, 꼬마 친구. 너는 영웅이니, 아님 허당이니?"

앰프는 고개를 끄덕이고는 헬멧을 조절했다.

"알았어. 내 우주선을 가져와, 잭."

나는 2층으로 후다닥 뛰어올라 앰프의 우주선을 가져왔다. 올리비아가 병 로켓 위에 우주선을 안전하게 올리고 테이프로 우주선을 고정시켰다.

"우주선의 무게가 거의 느껴지지 않아."

올리비아가 감탄했다.

나는 시계를 보기 위해 집 안으로 달려 들어갔다.

"4시 35분이야!"

내가 외쳤다.

"시간이 없어. 발사 준비!"

앰프는 비장한 표정으로 내 손바닥 위로 팔짝 뛰어 올랐다. 아직도 많이 긴장했는지 앰프는 원래 색깔보다 옅은 파란색을 띠고 있었다. 나는 조금 걱정이 되어 물었다.

"앰프, 마음의 준비가 됐니?"

앰프는 비장한 표정으로 고개를 끄덕였다.

"행운을 빌어."

나는 앰프와 하이쓰리를 했다. 올리비아도 똑같이 했다.

"행복한 여행이 되길 바래. 꼬마 외계인!"

나는 앰프를 우주선 안에 넣었다. 우주선의 작은 문은 단단히 닫혔다. 내가 뒤로 물러나기도 전에 우주선의 작은 구멍에서 쉿쉿쉿 하고 기계 돌아가는 소리가 들렸다.

올리비아가 뒤로 물러서며 감탄했다.

"와아! 정말 멋있다!"

나는 차고에서 자전거펌프를 찾을 때 발견한 스노클링 마스크를 얼른 얼굴에 썼다. 스노클링 마우스피스도 입에 물었다.

"즈은-비."

올리비아가 얼굴을 잔뜩 찌푸리며 말했다.

"그건 또 뭐야? 너 진짜 짜증나."

"이대에ㄹ 내-버르 드어."

나는 최대한 웃는 표정을 보이려고 애썼다.

19
우주선 발사

시간이 얼마 남지 않았다. 나는 우리가 뚝딱 만든 병 로켓에 전 세계의 운명이 달렸다는 것을 생각하지 않으려고 애썼다.

나는 발사대에 오른 병 로켓에 공기를 집어넣는 일에 집중했다. 펌프질은 너무 힘들어서 로켓을 쏘기도 전에 내 팔뚝부터 터질 것 같았다.

"제1로켓, 이륙 준비 완료!"

올리비아가 떨리는 목소리로 외쳤다.

"모든 시스템 작동. 5, 4, 3……."

나는 펌프에 모든 체중을 실어 병 로켓이 터질만큼 빵빵해지도록 공기를 밀어 넣으려고 애썼다.

"발사!"

올리비아가 소리를 내질렀다. 하지만 나는 스노클링의 마우스피스를 문 채 웅얼거리면서 계속 펌프질을 했다.

올리비아가 내 발을 걷어차며 소리쳤다.
"잭, 이러다 늦겠어! 시간이 없어! 빨리 발사해야 해!"
나는 숨을 크게 들여마시고 온몸을 펌프 손잡이에 실었다. 병 안에 빈틈이 전혀 없는 듯 펌프 손잡이가 빡빡했다.
그때였다.

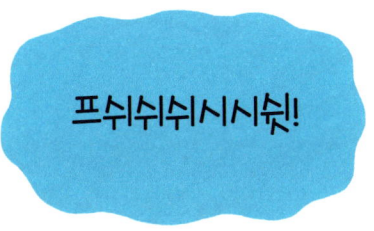

내 고글 위로 음료수 거품이 확 쏟아지는가 싶더니 눈앞에 있던 로켓이 사라졌다. 얼굴에선 탄산음료가 줄줄 흘렀다. 나는 깜짝 놀라 비틀거리다 뒤로 발라당 넘어졌다.

나는 누운 채 하늘을 바라봤다. 앰프의 우주선을 실은 로켓이 곧장 위로 날아오르고 있었다. 완벽했다. 성공이다! 하늘로 치솟아 올라가던 로켓이 살짝 몸체를 틀었다. 로켓은 우리집 2층 지붕을 가볍게 지나 계속 하늘로 날아갔다.

그런데 문제가 생겼다. 로켓의 속도가 차츰 떨어지더니 공중에 잠시 머물렀다. 내 느낌에 3초 정도였을까?

앰프가 탄 우주선은 다시 지구 쪽으로 기울었다. 그리고 서

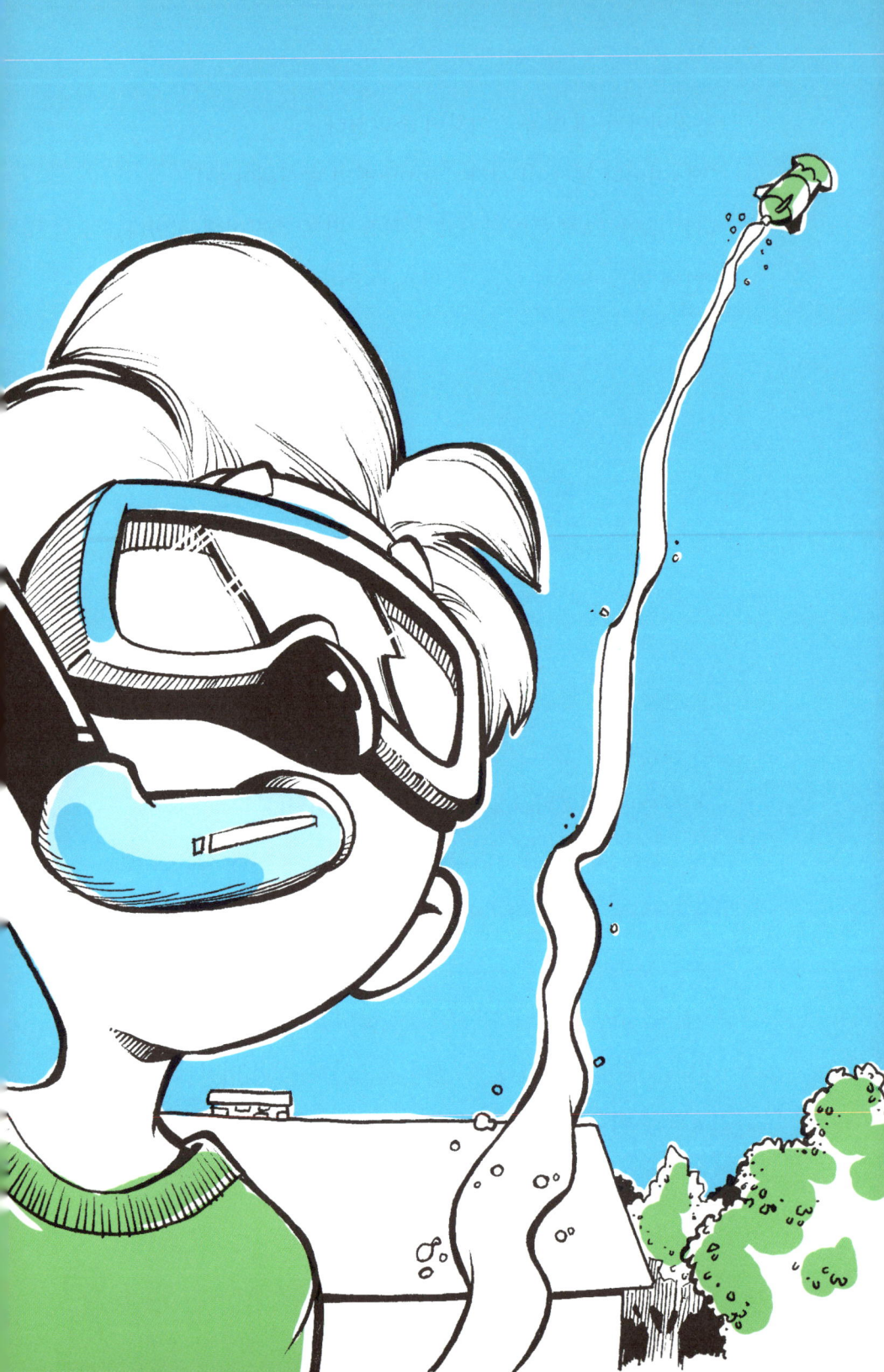

서히 우리 집 잔디밭에 떨어져 내렸다.

병에 남은 음료수가 잔디에 뚝뚝 떨어졌다. 앰프의 우주선은 이륙 장소에서 150미터쯤 떨어진 잔디밭에 쿵! 하고 큰 소리를 내며 추락했다. 올리비아와 나는 말없이 바라보고만 있었다.

"앰프, 너 아직 살아 있니?"

올리비아가 아주 작은 소리지만 부르짖듯이 앰프를 불렀다. 우리는 숨죽이며 기다렸다.

조금 있으려니 우주선의 문이 쓰윽 열리면서 앰프가 그 작고 파란 머리를 밖으로 내밀었다.

"높이가 충분하지 못했다."

앰프는 아주 사무적인 목소리로 말했다. 올리비아와 나는 앰프가 아직 살아 있다는 사실에 안도의 한숨을 몰아쉬었다.

그러다 지구의 상황에 정신이 번쩍 든 나는 스노클링 마우스피스를 내뱉으며 물었다.

"그럼 침략군은? 엘드를 출발해 지구로 오는 거야? 지금?"

"아, 그건 말이다."

앰프는 멋쩍은 얼굴로 말을 꺼냈다.

"아까 개집 지붕에서 너희들의 아주 인상적인 공학기술을 보다가 새롭게 깨달은 게 있다. 내 계산이 잘못되었다는 사실이다."

"뭐라고? 그게 무슨 말이야?"

나는 너무 놀라서 목소리까지 갈라졌다.

앰프는 작은 계산기처럼 생긴 장치를 벨트에서 꺼냈다.

"이 장치는 현재 위치에서 시간 계산을 한다. 당연히 지금 너희들 행성의 시간인 거지."

올리비아와 나는 서로를 쳐다봤다. 앰프가 무슨 소리를 하는 건지 도통 알 수 없었다. 앰프는 헛기침을 하며 목을 가다듬더니 이렇게 말했다.

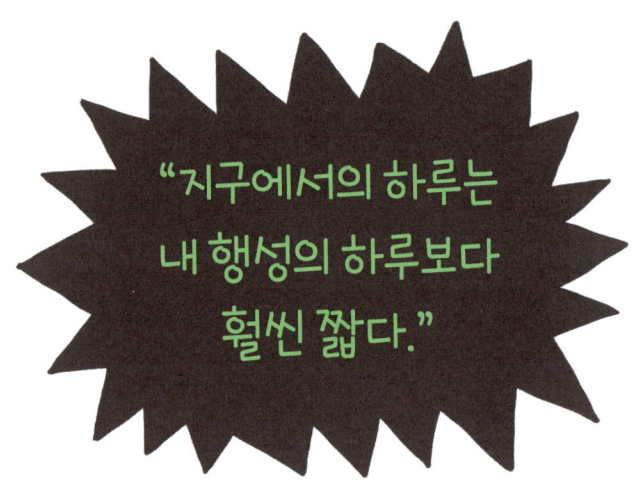

"지구에서의 하루는 내 행성의 하루보다 훨씬 짧다."

"얼마나 짧아?"

나는 그제야 정신을 차리고 물었다.

"그러니까 지구 시간으로 계산한다면 말이지. 현재 계산으로는 우리에게 119일 정도의 시간이 있다."

올리비아가 기가 막히다는 듯 소리쳤다.

"지금 장난하는 거니?"

나는 맥이 탁 풀렸다.

"난 심장마비 걸릴 뻔했다고, 앰프."

나는 신음소리를 내며 잔디밭에 벌러덩 누웠다.

"백십구 일…."

아직도 음료수가 흘러내리는 스노클링 고글을 통해 푸른 하늘이 보였다.

"앰프, 분명히 말해 두는데 내가 지금 기진맥진한 걸 다행으로 생각해. 아님 널 목졸라 버렸을 거야."

풋, 갑자기 웃음이 터져 나왔다. 내가 웃음을 터트리자 올리비아도 덩달아 웃었다. 앰프도 영문을 모르는 채 함께 웃었다. 앰프는 우리와 잘 어울리려고 애쓰는 것 같았다.

갑자기 왜 웃었냐고? 다른 행성에서 온 이 이상하고 자그마한 내 친구가 그렇게 빨리 떠나지 않을 것이기 때문이다. 그 사실이 나는 너무 기뻤다.

최후의 승자

 만약 아들이 외계인 침입자를 숨겨 두고 거기다가 학교까지 엉망진창으로 만들었다면, 그날 저녁 식탁에서는 당연히 그 아들에 대한 이야기가 나올 것이다.

 하지만 그 아들이 나는 아니었다. 동생 테일러였다.

 "다시 말해 보렴, 얘야."

 아빠가 테일러에게 물었다.

 "나는 너희 로봇 동아리 아이들이 회의를 마치면 청소를 한다고 생각했는데. 어떻게 된 거니?"

 "매번 그렇게 해요, 아빠."

 테일러가 자기가 발명한 전기 포크로 으깬 감자를 쑤시면서 대답했다.

 "실험 탁자에 몇 가지 물건을 두긴 했지만 그렇게까지 큰일이 생길 정도는 아니었어요."

"후그 아저씨가 놀란 얘기를 하는 게 아니란다."

엄마는 엄한 목소리로 테일러에게 말했다.

"룬츠 교장 선생님이 보낸 이메일을 보면 로봇 동아리에 대해 매우 비판적이셔. 불쌍한 후그 아저씨는 지금까지 청소하느라 정신없을 거야."

"너무 이상해요."

테일러가 중얼거렸다.

어떻게 탄산 음료수 병 몇 개와 대여섯 개의 음료수 잔으로 초등학교 역사상 최악의 아수라장을 만들었는지, 테일러는 이해하지 못하는 것 같았다.

"나도 개인적으로 실망했어, 아우야."

곤경에 몰리지 않은 내 입장이 은근히 즐거웠다.

아빠는 화난 표정으로 나를 쏘아보았지만 더이상 아무 말 하지 않았다.

나는 무거운 분위기를 바꾸기 위해 말을 돌렸다.

"실험실 하니까 생각났는데요. 거기에 있는 자석 중 일부는 네오디뮴 자석이에요. 네오디뮴은 정말 강력하고 안정적인 영구자석이죠. 사실상 네오디뮴과 철, 붕소로 구성된 합금인 셈이에요. 다 원소들이에요. 혹시 모르시지 않나 해서 말하는 거예요."

아빠는 스테이크를 썰다 말고 눈을 들어 나를 쳐다보았다.

마치 집 안에 들어온 외계인이라도 본 듯한 눈빛이었다. 테일러까지 으깬 감자에서 눈을 들어 나를 바라봤다.

"방금 무슨 일이 일어난 거지?"

엄마도 식구들을 둘러보며 물었다.

"잭이요, 내가 모르는 뭔가를 아는 것 같아요."

뚱한 얼굴로 테일러가 대답했다.

"잭, 대단하구나."

아빠가 말을 이었다.

"올해는 정말 전혀 다른 1년이 될 것 같은데?"

"이미 달라졌어요."

나는 콩을 손으로 집어 입안에 넣고 터트려 먹으며 말했다.

"수저를 사용해야지, 애야."

엄마의 말씀이었다.

"세균 조심."

"네가 올리비아랑 로켓을 만들어 뒤뜰에서 쐈다는 얘기를 들었단다."

아빠는 놀랍다는 듯이 빙그레 웃었다.

"그건 좀 위험한 것 같아."

엄마는 걱정된다는 표정이었다.

"우린 엄청 조심하며 실험했어요."

내가 대답했다.

"얼굴 보호대까지 쓰고 했는 걸요."

아빠는 테일러에게 몸을 돌려 바라보며 말했다.

"이 식탁에 어린 과학자가 적어도 한 명 이상이 있는 것 같지 않니? 한 명은 로켓 과학자이고."

테일러는 신음소리를 끙 내더니 다시 접시에 담긴 감자를 으깨기 시작했다.

"아! 엄마, 아빠."

나는 신이 나서 말을 이었다.

"두 분 다 텅스텐에 대해 알고 계세요? 텅스텐은 원소인데 주기율표 6주기 6족에 있어요. 원자번호는 74이고요. 융점이 매우 높아요. 텅스텐보다 융점이 높은 원소는 탄소가 유일해요. 어쨌든, 우리가 좀 구할 수 있을까요?"

식탁이 갑자기 조용해졌다. 내 배 속에서 음식이 소화되는 소리까지 들릴 정도였다.

아빠가 갑자기 웃음을 터트렸다. 마치 아들이 인류 역사상 가장 놀라운 솜씨로 카드놀이 속임수를 쓴 것을 이제 알아챘다는 듯이 말이다. 엄마는 흥분한 나머지 손뼉까지 쳤다. 테일러만 양손으로 얼굴을 가리고 있었다.

"세상에, 대체 왜 그게 필요하니?"

엄마가 흥분을 가라앉히지 못하고 물었다.

"그냥 궁금해서 그래요."

나는 진지하게 말을 이었다.

"과학이랑 관련된 것들이 궁금해서요."

"텅스텐이 얼마인지는 잘 모르지만, 인터넷에서 찾아볼 수는 있단다."

아빠가 말했다.

"안전이 걱정이지."

엄마가 덧붙였다.

"방사성 물질이라면 집에 들여놓고 싶지 않아."

"방사능은 없어요."

테일러가 여전히 두 손으로 얼굴을 가린 채 대답했다.

그 순간, 엄마는 의자에서 벌떡 일어나더니 두 팔을 벌려 날 껴안고는 뺨에 몇 차례나 뽀뽀를 퍼부었다.

"멋있구나, 잭!"

앰프가 내 머리 속에서 말하는 것 같은 소리가 들렸다.

"넌 아주 예리한 쿠키다. 친구. 이제 식사를 끝내. 함께 해야 할 일이 아주 많다!"

난 이번 학기가 상상했던 것보다 더 좋을 수도, 아니 더 재미있을 수 있다는 생각이 들었다. 입가에 웃음이 배시시 번졌다.

끝

지구 탈출 과학 실험실

YouTube 에서
앰프의 지구 탈출 과학 실험실을
검색해 보세요!

지구를 구하기 위해

잭과 올리비아는 병 로켓을 만들었어요.

발사대를 설치하고 병 로켓에 날개도 달았지요.

그런데 문제가 생겼어요.

우주로 발사한 병 로켓이 얼마 못 가 땅으로 고꾸라졌어요.

앰프를 엘드 행성으로 돌려보내기 위해

우리가 직접 병 로켓을 만들어 볼까요?

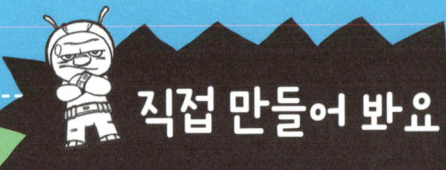

직접 만들어 봐요

병 로켓 발사!

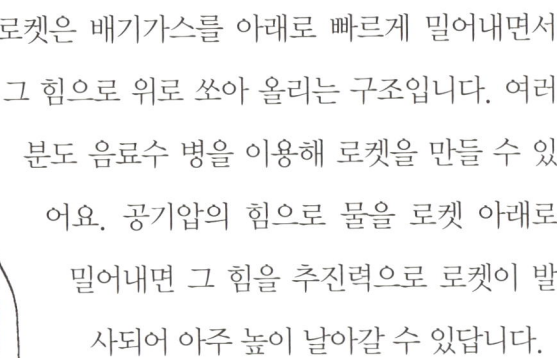

로켓은 배기가스를 아래로 빠르게 밀어내면서 그 힘으로 위로 쏘아 올리는 구조입니다. 여러분도 음료수 병을 이용해 로켓을 만들 수 있어요. 공기압의 힘으로 물을 로켓 아래로 밀어내면 그 힘을 추진력으로 로켓이 발사되어 아주 높이 날아갈 수 있답니다.

여러분이 준비할 것들: 2리터 탄산 음료수 페트병, 판지, 강력 접착 테이프, 압력계가 있는 자전거펌프, 공기 주입 바늘, 고무마개, 말뚝 몇 개

나만의 로켓 만들기

1 고무마개는 음료수 병에 있는 공기가 새지 않도록 하기 위한 것입니다. 마개를 밀어 넣어 입구를 막은 후, 병을 꽉 쥐어 공기가 새는지 확인해야 합니다.

2 어른의 도움을 받아 고무마개에 작은 구멍을 뚫으세요. 구멍은 나중에 공기주입 바늘을 꽂기 위한 것이니까 바늘 크기에 맞아야 합니다. 처음에는 바늘 크기보다 작게 구멍을 뚫고, 나중에 실제 사

용할 때 다시 바늘에 맞게 키우는 것이 좋습니다. 고무가 바늘을 단단히 잡아 공기가 새지 않도록 하는 것이 중요합니다.

3 고무마개에 바늘을 찔러 넣습니다. 바늘은 고무마개를 통과해 병 안쪽으로 조금 튀어나오게 해야 합니다. 그래야 공기를 병에 주입할 수 있으니까요.

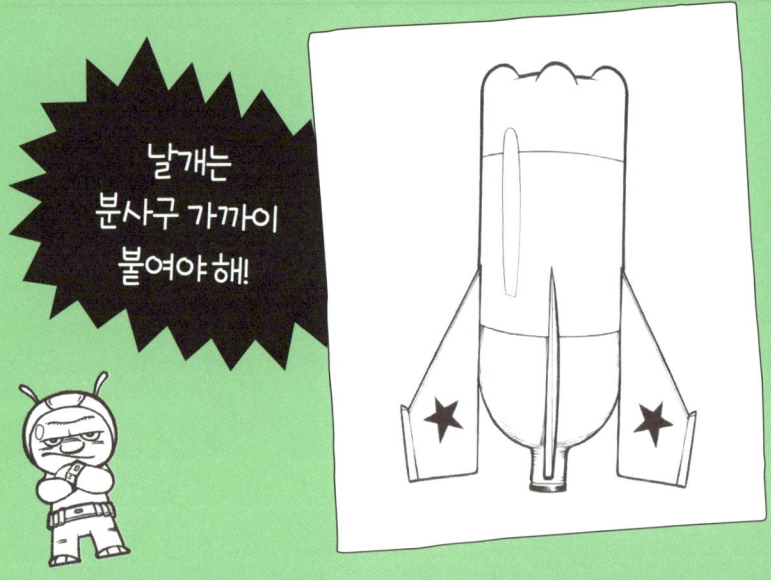

날개는 분사구 가까이 붙여야 해!

4 골판지를 날개 모양으로 잘라 병에 붙여 로켓을 고정시킵니다. 원뿔형 모양의 모자를 만들어 붙여도 좋아요. 디자인은 하고 싶은 대로 해 보세요. 날개는 가능한 한 로켓의 분사구 가까이 배치해야 로켓이 똑바로 날아가는 데 도움이 된답니다.

5 병 주변에 말뚝이나 막대 몇 개를 박아 발사대를 세웁니다. 그래야 펌프질해서 공기를 넣는 동안 로켓이 바로 서 있을 수 있답니다.

6 자전거펌프의 노즐을 고무마개에 꽂혀 있는 공기 주입 바늘과 연결하세요. 그럼 이제 비행할 준비가 다 되었습니다!

발사 순서

1 어떻게 작동시켜야 할지 모를 때는, 하나씩 해 보는 것이 안전하답니다.
- 고무마개를 밀어 넣은 후 먼저 공기가 새는지 테스트해 보세요.
- 발사대에 로켓을 올려놓고 고무마개가 튀어나올 때까지 병에 공기를 주입해 보세요.
- 자전거펌프의 압력계를 보면서 압력이 어느 정도일 때 마개가 튀어나오는지 확인해 보세요.

2 두 번째 공기 테스트를 합니다. 마개를 처음보다 더 세게 밀어 넣으세요. 로켓을 다시 발사대에 올려놓고 마개가 튀어나올 때까지 펌프질하세요. 마개가 튀어나오면서 이번에는 로켓이 약간 뜨는 것을 볼 수 있을 겁니다. 뜰 때까지 더 많은 압력이 필요하기 때문에 꽤 오래 공기를 주입해야 할 거예요. 좋아요! 이제 모든 준비는 끝!

3 병에 물을 조금 넣고 고무마개를 다시 밀어 넣은 다음 뒤로 물러나 펌프질을 시작하세요! 마개가 튀어나오기 전의 압력이 약 10 PSI(제곱 인치당 파운드 pounds per square inch: 타이어 등의 압력을 나타낼 때 씀) 이상이 되면 로켓은 일단 발사될 것입니다. 이제 로켓이 작동하니까 몇 가지 실험을 할 차례입니다!

실험 방법

실험 1 마개를 밀어 넣는 힘 조절과 압력의 변화

마개를 밀어 넣을 때마다 사용하는 힘의 양을 다양하게 바꾸어 보세요. 가볍게 살짝 밀어 넣었을 때와 더 많은 힘을 사용했을 때, 어떤 변화가 일어날까요? 마개 조절이 발사에 필요한 압력을 어떻게 바꿀까요?

실험 2 물의 양 변화

발사할 때마다 병 로켓에 넣는 물의 양을 바꾸어 보세요. 많은 양의 물을 넣을 때와 물을 아주 조금 넣을 때 어떻게 달라질까요? 로켓 발사에 있어서 아주 중요한 요소가 무엇인지 알게 될 것입니다.

실험 3 다른 노즈 콘 사용해 보기

모양이 서로 다른 노즈 콘(로켓의 원뿔형 앞부분)을 만들어 실험해 보세요. 크고 길고 무거운 노즈 콘을 달 때 더 멀리 날아갈까요? 재료를 적게 사용해 짧은 노즈 콘을 달면 어떤 변화가 일어날까요?

실험 4 날개의 크기와 위치 변화

로켓에 다는 날개의 크기와 위치를 바꾸면서 관찰해 보세요. 상승하려면 회전 속도가 높아야 하는데, 무엇이 로켓의 회전 속도를 높일까요?

꼭 알아야 할 TIP

○ 실험 소재에 따른 변화를 알고 싶으면, **한 번에 한 가지만 바꾸어서** 차이점을 아는 것이 중요합니다.
예를 들어 각기 다른 크기와 모양의 노즈 콘을 실험해 보고 싶다면, 매번 발사할 때마다 동일한 양의 물과 공기 압력을 사용해야 해요. 그렇게 하면 로켓이 실험할 때마다 힘과 방향이 바뀌어도 그것은 다른 요인이 아니라 노즈 콘 때문이란 것을 알 수 있어요.

○ 만약 어떤 장치가 어떤 방식으로 작동하는지 설명할 수 있다면 그 생각이 맞는지 틀린지 **테스트할 수 있는 방법들**을 생각해보세요!
공기압이 로켓의 높이와 얼마나 관련이 있다고 생각하세요? 어떻게 그걸 시험해 볼 수 있을까요?

○ 스스로에게 **인내심**을 가져야 해요! 새로운 것을 시도할 때는 첫 실험은 물론이고 두 번째 또는 세 번째 실험에서도 실패할 수 있답니다. 여러 번 시도해도 안될 수 있어요. 조정하는 과정에서 무엇이 로켓의 성능을 높일 수 있는지 관찰하는 것만으로도 여러분들은 많은 것을 배울 수 있답니다.

안전 주의!

○ 로켓은 많은 에너지를 저장하고 방출합니다! 항상 명심해야 할 것은 로켓은 예상하지 못한 순간에 발사될 수 있다는 사실입니다. 그러므로 다른 것과 부딪치지 않도록 로켓 **주변을 잘 치워두어야** 합니다.

○ 로켓에 공기를 주입할 때면 주변에 있는 사람들에게 확실하게 **발사 사실을 알리도록** 하세요.

○ 펌프질을 할 때는 몇 번 했는지 **세어 보세요**. 공기 펌프질 몇 번에 로켓이 발사되었는지 아는 것은 많은 도움이 됩니다.

○ 많은 양의 공기를 펌프로 넣었고, 압력도 상당히 높은데도 로켓이 발사되지 않을 때가 있습니다. 그때는 섣불리 로켓에 다가가 고무마개를 잡아 빼려고 하지 마세요. 갑자기 로켓이 발사되면 미처 피할 사이도 없이 실험자와 부딪칠 수 있답니다! 이럴 경우에는 **압력이 떨어질 때까지 기다렸다가** 마개를 빼세요. 그리고 다음에는 약간 덜 빡빡하게 밀어 넣어 보세요.

시리즈 예고

외계인 앰프의 지구탈출 대작전 2

슈퍼 전자석의 비밀

앰프는 침대 옆에 놓인 알람시계 위에 앉아 있었다. 엄마는 나를 학교까지 데려다 주려고 계단 아래에서 기다리고 계셨다. 나는 15분 전에 이미 스쿨버스를 놓쳤고 어쩌면 학교도 지각할지 모른다. 하지만 지금 지각 따위는 문제도 아니었다. 난 아직 숙제조차 끝내지 못했다. 과학박람회에 제출할 실험도 물론 준비하지 못했다.

"앰프! 오늘 이후로 내 과학 점수는 D가 될 거야."

나는 가까스로 마음을 가다듬으며 앰프에게 말했다.

"마틴 선생님이 말씀하시길…."

"D는 뭘 상징하지?"

앰프가 내 말을 뚝 잘랐다.

"D는 말이야…."

D가 뭐의 약자인지 기억해내려고 애썼다. 생각나지 않았다.

"기억 안 나! D는 그냥 **대**재앙이야, 알겠어? D는 덜된 얼간이! 바보 멍청이! 그게 뭘 상징하는지는 중요하지 않아. 그냥 비난 받아야 하는 글자야!"

"비난 받는 거라면, '**비난의**' B가 되어야 한다. D가 아니다."

앰프가 따지고 들었다.

"아니, B는 좋은 거야."

내가 대꾸하자, 앰프는 반박했다.

"좋은 거면 '**좋은**'의 G로 써야하지 않을까?"

"아 진짜! 앰~프!"

나는 울부짖듯이 소리 질렀다.

"성적 평가 방법은 그 누구도 바꿀 수 없어. 우리 부모님이 학교 다닐 때부터 그렇게 평가했다고! 중요한 건 그게 아니야."

"잭, 내게 좋은 생각이 있다. 과학박람회에 제출할 실험에 관한 거다."

"정말?"

나는 긴장했다. 과학박람회에 출품할 정도의 대단한 실험이라면 분명 내 성적에도 도움이 될 것이다.

"뭔데?"

"특수 장비가 좀 필요하다. 네 유전체 정보를 알아낸 후 3번째 팔이 생기게 하는 거다. 생각보다 쉽고 재미있을 거다."

나는 앰프를 쳐다봤다. 앰프는 아주 대책 없는 외계인이거나, 내 화를 돋우고 싶어 안달이 난 외계인일 거다.

"팔 하나를 더 자라게 만든다고?"

내가 소리를 꽥 질렀다.

"그거 좋겠네! 그럼, 뭐, 내가 가진 티셔츠는 하나도 안 맞겠고, 재미있겠다."

내가 빈정거리자 앰프가 내 눈치를 살폈다.

"하지만 넌 마술사잖아. 그것도 대단한."

"너 자꾸 그러면 햄스터 우리 안에 집어넣어 버릴 거야."
내가 으름장을 놓았다.

"알겠다."

앰프는 항복했다는 듯 두 팔을 위로 들어 올리며 말했다.

"난 그냥 네가 그런 것에 대해 어떻게 생각하는지 알고 싶었을 뿐이다."

나는 두 손으로 머리를 움켜잡고 생각을 쥐어짰다. 그 순간 무언가가 떠올랐다. 나는 벌떡 일어나 책가방에서 과학 교과서를 꺼내 후루룩 페이지를 넘겼다. 책 맨 뒷장에는 학교 교실에서 할 수 있는 실험이 20개 정도 나와 있었다. 그 중 하나가 내 눈을 사로잡았다. 철사가 엄청 많이 꽂힌 감자 옆에 불 켜진 작은 전구가 있는 사진이었다. 제목에는 감자 배터리라고 쓰여 있었다. 감자와 전선, 그리고 전구만 있으면 되었다. 별

로 어려울 것 같지 않았다.

"결정했어."

나는 앰프에게 선언하듯 말했다.

"감자로 배터리를 만들 거야."

책을 침대 위에 올려놓고 두 장의 사진을 가리켰다. 앰프는 책 위에 올라서서 아무 말 없이 책을 읽었다. 무슨 생각을 하는지 앰프는 줄곧 자신의 조그만 파란 턱을 쓰다듬기만 했다.

앰프가 한참만에 말을 내뱉었다.

"재미없을 것 같다."

"아냐, 쉬워 보이잖아. 간단한 감자 배터리가 숙제로는 완벽하다고."

"으으, 냄새, 누군지 몰라도 오늘 아침에 양치질을 하지 않았다."

앰프는 조그만 손을 흔들어 댔다.

"진짜 놀랍네."

내가 말했다.

"그게 바로 내가 만들려는 감자 배터리의 냄새야."

"알겠어, 하지만 네게 꼭 경고해둘 게 있는데…."

그 순간 방문이 벌컥 열리면서 엄마가 얼굴을 쑥 들이밀었다.

나는 앰프 쪽으로 고개를 홱 돌렸다. 앰프는 이미 사라지고 없었다. 혹시나 싶어 주변을 둘러보았지만 앰프는 어디에도 보이지 않았다. 엄마도 눈치채지 못했다. 앰프는 내가 봤던 생명체 중에서-보지 못한 것들도 많지만-가장 빨랐다.

"너 대체 누구랑 얘기하는 거니?"

"어… 그… 과학박람회 때 발표할 걸 연습하고 있었어요."

나는 기어들어가는 목소리로 말했다.

"너 아직도 숙제를 덜 한 거니?"

엄마는 한숨을 내쉬었다.

"애야, 나 지금 출근해야 해. 그 머리부터 좀 빗어, 아들."

엄마가 계단을 내려가는 소리가 들렸다.

"엄마, 1초만!"

나는 엄마 등 뒤에 대고 외쳤다.

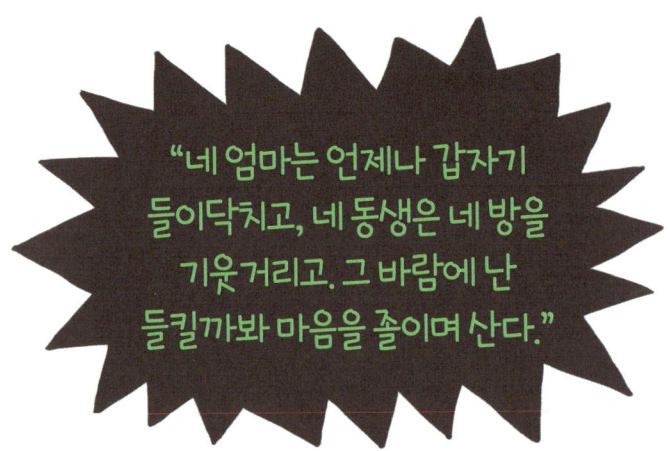

"네 엄마는 언제나 갑자기 들이닥치고, 네 동생은 네 방을 기웃거리고. 그 바람에 난 들킬까봐 마음을 졸이며 산다."

나는 얼어붙었다.

"뭐? 테일러가 여기 왔어? 둘러봤다는 거야? 혹 널 보지는 않았지?"

"그렇지는 않다. 나는 내 몸을 투명으로 만들 줄 알거든. 어떻게 하는지 너한테 말해 줄까?"

"아니, 하나도 관심 없어. 우린 잡히지만 않으면 돼. 누군가 너를 발견하면 바로 데려가 버릴 거니까. 그럼 넌 영영 집에 돌아가지 못해."

앰프는 걱정스러워했다.

"요 며칠 사이 운이 나빠진 것 같다, 잭. 네 동생이 꽤 의심하는 눈치다. 우주선부터 수리해야 한다!"

"우리는 해낼 거야, 앰프. 하지만 과학박람회가 끝나고 시작해야 해. 난 한 번에 재앙 하나씩밖에 처리하지 못하거든."

외계인 앰프의 지구탈출 대작전

1편: 『우주선 발사!』
2편: 『슈퍼 전자석의 비밀』도
곧 나오니까 기대해 주세요.

과학적 사실과 실험에 대해 더 많은 것들이 궁금하세요?
유튜브에서 〈Alien in my pocket〉을 검색해 보세요.

Alien in My Pocket : Blast Off

Copyright ©2014 by HarperCollins Publishers
All rights reserved.
No part of this publication may be reproduced, stored in retrieval system, or transmitted in any
form or by any means, electronic, mechanical photocopying, recording, or otherwise,
without the prior written permission of the Licensor.
Korean Translation Copyright ©2019 by Max Education(Sangsuri) Co. Ltd.
By arrangement with HarperCollins Publishers through KCC (Korea Copyright Center Inc.), Seoul.

이 책의 한국어판 저작권은 KCC 에이전시를 통한 저작권자와의 독점 계약으로
(주) 맥스교육 (상수리) 에 있습니다.
저작권법에 의해 한국 내에서 보호를 받는 저작물이므로 무단전재와 복제를 금합니다.

외계인 앰프의
지구탈출 대작전 1
우주선 발사!

글 | 네이트 볼
그림 | 매키 패민투안
옮김 | 박서경

초판 1쇄 발행 | 2019년 5월 27일

펴낸이 | 신난향
편집위원 | 박영배
펴낸곳 | (주)맥스교육(상수리)
출판등록 | 2011년 8월 17일(제321-2011-000157호)
주소 | 서울특별시 서초구 마방로2길 9(보광빌딩 5층)
전화 | 02-589-5133(대표전화) 팩스 | 02-589-5088
블로그 | blog.naver.com/sangsuri_i 홈페이지 | www.maxedu.co.kr

편집 | 신현영
디자인 | 유지현
마케팅 | 김기식, 김소연
경영지원 | 장주열
인쇄 | 천일문화사

ISBN 979-11-5571-610-6 74840
ISBN 979-11-5571-609-0 (세트)
정가 13,000원

* 이 책의 내용을 일부 또는 전부를 재사용하려면 반드시 (주)맥스교육(상수리)의 동의를 얻어야 합니다.
* 잘못된 책은 구입한 곳에서 바꾸어 드립니다.
* 이 도서의 국립중앙도서관 출판예정도서목록(CIP)은 서지정보유통지원시스템 홈페이지(http://seoji.nl.go.kr)와 국가자료공동목록시스템(http://www.nl.go.kr/kolisnet)에서 이용하실 수 있습니다. (CIP제어번호 : CIP2019017334)

> 상수리는 독자 여러분의 귀한 원고를 기다리고 있습니다.
> 투고 원고는 이메일 maxedu@maxedu.co.kr로 보내 주세요.

어린이제품안전특별법에 의한 제품 표시
제조자명 (주)맥스교육(상수리) \ 제조국 대한민국 \ 제조년월 2019년 5월 \ 사용연령 만 7세 이상 어린이 제품